冯霞是谁

陈为人 著

山西出版传媒集团 北岳文艺出版社
BEIYUE LITERATURE & ART PUBLISHING HOUSE
—太原—

图书在版编目(CIP)数据

冯霞是谁/陈为人著.—太原:北岳文艺出版社,2018.10

ISBN 978-7-5378-5700-0

Ⅰ.①冯… Ⅱ.①陈… Ⅲ.①冯霞-传记 Ⅳ.①K825.72

中国版本图书馆CIP数据核字(2018)第223568号

书　　名　冯霞是谁
著　　者　陈为人
责任编辑　关志英
装帧设计　谢　成

出版发行　山西出版传媒集团·北岳文艺出版社
地　　址　山西省太原市并州南路57号
邮　　编　030012
电　　话　0351-5628696(发行部)
　　　　　0351-5628688(总编室)
传　　真　0351-5628680
网　　址　http://www.bywy.com
E-mail　bywycbs@163.com
经 销 商　新华书店

印刷装订　山西万佳印业有限公司
开　　本　787mm×1092mm　1/16
字　　数　132千字
印　　张　12
版　　次　2018年10月第1版
印　　次　2021年1月山西第2次印刷
书　　号　ISBN 978-7-5378-5700-0
定　　价　98.00元

冯霞(1944—2017)

左起：冯霞、作者陈为人、常荫生

冯霞与(第一排左三)太钢的画友们

冯霞与王志刚(右)在杭州西泠印社

冯霞与王志刚(左)黄山采风

左起:冯霞、王爱忠、孟旭耀

冯霞与王爱忠(右)在展览厅

冯霞与王秀春(右)

冯霞与吴光明(右)

冯霞创作中

冯霞与祝焘(右)在壶口采风

冯霞观摩祝焘(左)、汪伊虹(中)作画

冯霞向汪伊虹(右)学绘画

左起：冯霞夫人牛川平、冯霞、杜浴曦

左起：冯霞、陈建明、董其中、张金明、贺敬才

冯霞与董其中(右)

冯霞采风

陈为人(右)与冯霞在工人疗养院

冯霞与崔志强(右)在晋阳印社

冯霞与赵梅生(右)

左起：太钢文工团李红、冯霞，作者陈为人、太钢文工团杨延龄

太原画院的画友（左起）：张宝亮、刘素珍、冯霞、王爱忠

右起:冯霞夫人牛川平、冯霞、王爱忠

右起:孟旭耀、王爱忠、陈为人、刘刚

冯霞是谁？谁是冯霞！

前　言

在冯霞生前，我就策划着为他出一本画传。然而好事多磨，直延宕到冯霞遽然离世，身后画传才得以付梓问世。向生而死，这段历程走得筚路蓝缕。

冯霞不该埋没。

现当世有哪一个画家，奋斗终生，不向权位颔首摧眉，不向金钱屈膝折腰，如冯霞那般以“草坪居士”自许，乐贫蜗居，甘守一介书生的民间清苦，不求一官半职，毕生只把艺术追求当作宿命，衣带渐宽终不悔，为伊消得人憔悴，直到退休仍保持着一个“工人阶级本色”的身份。当世几人可与其同？

冯霞不是没有机会。20世纪70年代，冯霞正是风华正茂如日中天之际。惜才爱才的太钢党委书记王景生，曾有意把他提拔为太钢工会文体部副部长，一个副处级职务。面对景生书记的提携，冯霞不仅没有感恩戴德，而是说：“我就不是个当官的料，就喜欢画画，你还是让我画我的画。你要照顾我，就一年给我两次采风的机会，让我游山玩水到祖国的锦绣山川逛逛。”这话倒是冯霞的真心流露。但紧跟着说出的话，就颇不得体了。当年，王景生是太原市委副书记，兼任太钢党委书记。冯霞对王景生说：“不要看你官当得不小，可是一出娘子关，还有个谁认识你是张三李四？而我冯霞，一支笔一张纸，走遍天南地北，天下谁人不识君，都得认我冯霞。我当个画家就自在，自得其乐。你们给我安上个官帽帽，就等于给我戴上了紧箍咒。”面对这么个不拘形迹的冯霞，王景生书记只能颇有涵养地笑笑。篆刻家刘刚闻听此事，专门为冯霞戏刻了一枚章：河东布衣 笑辞七品。

冯霞是真性情：一支画笔手攥，给个县官不换。

冯霞有点恃才傲物，但不是狂妄自大。1981年第二届全国青年美术展上，冯霞的版画《道路的性格》，一举斩获银奖。这一届的金奖，就是罗中立那幅影响广泛的油画《父亲》。那时候的评奖不像以后评滥，还是很有权威性，大家都认可。那是凭着真才实学、真刀实枪比拼出来的——“货真价实”。

冯霞出道很早，在山西美术界名气不小。从太钢脱颖而出，后来成为山西省工笔画协会主席的画家王爱忠回忆过这样一个细节：20世纪70年代，冯霞的名头在全国都打得很响，湖北省的一个画家到山西，慕名来到太钢，一定要见识见识这位才气横溢的“美女画家”。王爱忠善意地替他挡了驾。“人生若只如初见，何事秋风悲画扇。”宁让人留一份念想留一份遗憾，也不要见面让人大失所望——“看景何如听景”。

冯霞也不是没有发财的机会。山西省工笔画协会成立时举办画展，冯霞画的工笔画《东方赋》，一经亮相便满场轰动。一个参观画展的香港老板，当场拍下五十万要买这幅画。我问过冯霞：“就你的经济状况，这不是瞌睡给了个枕头，求之不得，你为什么还不赶紧出手？”冯霞一吐舌头，憨态可掬地笑笑说：“人家给我算过命，我一辈子没有财运。天外飞来横财，我怕服不住。”“服不住”是阳曲土话，犹如现在时兴的“hold不住”,乐极生悲驾驭不了。说完,冯霞机敏地看着我迷惑不解的眼神,又补一句:“说句肚盒里的话,这只大公鸡,我画得花费了三个多月的工夫。你看那公鸡的尾巴毛,一根我打早起来开始画,到天黑点灯也画不完。这只公鸡就像我的孩儿,你说我哪舍得卖了?那不成了卖儿鬻女?”

我与冯霞从20世纪70年代始,相处近五十年之久,然而,冯霞“吝啬”得从来没有送过我一幅他的画。冯霞常常狡黠地眨巴着他的小眼睛,笑笑说:“应付画下的,拿不出手,让你收藏了丢我的人;画出自己的得意之作,左思右想就是舍不得送给你。那是我精血孕育,十月怀胎生下的孩儿,不能送了你这后爸爸。”

冯霞身边的朋友都知道,要从他手里要出一幅画来,比割他的肉、剜他的心还难。冯霞尽管一生拮据穷困,但从来没有舍得卖过一幅画。

2017年9月7日,我闻知冯霞得了淋巴癌,住进了迎新街太钢总医院,我赶去看望他。见面后他用的第一个词是:“风烛残年”。显然他已经知道自己得了不治之症,情绪很是颓丧,连连摇头,无精打采,长吁短叹说,没有多少时日了。

我急忙宽慰说,个体生命差异很大,很多淋巴癌患者,顽强地活个三年五年、十年八年的大有人在。我指名道姓举例,既有身边的熟人,也有众所熟知的演艺界明星。我说,病魔向来欺软怕硬,关键是人的精神不能倒。我还开导他说,你自己要有坚定信念,心中有个奋斗目标。

2016年初,似乎是冥冥之中神灵的安排,我赶着完成了《冯霞是谁》的传记,在《黄河》2016年第五期上刊登。我计划俟冯霞装帧装裱完他各时期各门类的画作后，影印翻拍为他出一本图文相映成趣的《冯霞画传》。

2017年初，山西三晋报刊传媒集团总经理赵学文，在他主编的《名作欣赏》别册上，推出了《学者丹青·冯霞画册》。冯霞在版画、油画、工笔画、山水画等多个领域都颇有建树。《冯霞画册》发行后产生了一定的反响，趁热打铁，冯霞的画展也在紧锣密鼓地筹办中。

我知道，冯霞还有着画一组佛教人物的计划。他对我说："我不想画成现在流行的那种佛像菩萨的程式，长袖宽衣，袍袍褂褂。完全是佛教中国化的打扮。我想还原菩萨的本来面目，就是印度流传过来的时候，袒肚露臂，能看到肚脐的那种，就是还神性于人性哇。"我在冯霞的画室看到，他已经起草了坐骑虬首仙青面狮的文殊菩萨、坐骑赛太岁金毛犼的观音菩萨、坐骑灵牙仙六牙白象的普贤菩萨和坐骑独角兽谛听的地藏菩萨四幅草图，都是八尺高的巨幅。虽说仅是草图，但望之仍让人内心产生震撼：中外画史上有不少传世杰作都是宗教题材。从这些草图中，我看到一个成熟画家对信仰的解读。

我对冯霞说，你还有许多未竟的宏愿，总不能半途而废，功亏一篑……

2017年初，三晋出版社准备出版我的《话说红颜》和《歪批诸子》两书，冯霞主动请缨，给我的书画了十二幅彩色插图。聊天时，我说书马上就出来，从手机里调出封面设计的方案让他看。冯霞十分高兴，说："这是我们的第一次合作，有了一个良好的开端，以后你书里的插图我包了，我们俩长期合作……"

那天下午谈得冯霞缓过情绪，一聊就是两个多小时，直到我走时仍余兴未尽。陪侍的冯霞女儿冯雪征说，今天是父亲入院来精神最好的一刻。

谁承想，9月11日，接到篆刻家刘刚的电话，传来的竟是冯霞去世的噩耗。我不能也不敢相信自己的耳朵。

仅仅四天时间，从此一别成永诀。言犹在耳，合作伙伴却成生前友好。《话说红颜》和《歪批诸子》两书的十二幅彩色插图，成为冯霞的绝笔遗墨。

我夜不能寐，眼睛一闭就是那天下午冯霞与我聊天时的神态。

绘画是以笔墨为媒介，一个生命对另一个生命的灌注。犹如母体与胚胎的传递，精血与灵气一点一滴地注入，只有生命才能产生生命，脐带是心有灵犀一线牵。“精气烟煴，聚而成物”，“因气血汤生”。即便是同一个绘画大家，真正富有生命的作品，往往只是十之一二。那是在某种特定情景、特定情绪下“妙手偶得之”。当下那些以商业性赢利为目的，像生产流水线上炮制出来的粗制滥造之作，岂能与冯霞用心血浇灌的作品同日而语。

我相信，冯霞以毕生精力所留存下的百余幅作品，将随着时间的推移，彰显出它当代人所不认知的潜质。

目录

引子　一次打捞行动

一辆小车出太原驶向阳曲县中社北国书画院。

我对赵学文说："赵总，我们这次有点像是一次打捞行动。"近些年，蓦然时兴起一个词：打捞。打捞思想界的失踪者，打捞文学界的失踪者，打捞科技界的失踪者等等。有遮蔽就有打捞，有遗失就有打捞，有边缘就有打捞。

赵学文是山西三晋报刊传媒集团的总经理，麾下分管着十三个期刊、两份报纸。其中《名作欣赏》别册推出的书画界人物，已经出到第72号。不仅隆重推出了《笔墨精神，光影灵性·冯骥才》《野士闲人·老村》《画坛老童·韩羽》《莫言墨迹·莫言》《漫画骑士·蔡志忠》等一批中国文化圈的名流巨擘的作品，还陆续介绍了林鹏、张颔、姚奠中、林凡、祝焘、汪伊虹、陈巨锁、王建华等山西书画界的知名人士。

我对赵总说："在您'梁山泊英雄排座次'的榜单上，可否加上冯霞的名字？"

赵总颔首微笑："我们去看看再说吧。"

行动已经表明态度。赵总能够从百忙中拨冗专程前往冯霞的画室，本身就流露着倾向性。

龙城太原　山水　68cm×68cm

“虬髯刀客”与“差七个羊头”

当年唐达成“落难”太钢，那位阅人无数的大评论家，赞叹过两个人“绝顶聪明”。一个是搞曲艺的王秀春，另一个就是画家冯霞。好生奇怪，两人都是男人起了女性名。梅兰芳，起了个女性名字，扮演的又是旦角，终成一代大师。《麻衣相书》上有言，男长女相乃大富大贵之相。男起女名，既似男性阳刚粗犷，又如女性柔美纤细，不知冥冥之中暗合了什么天地造化的奥秘。

1976年，太原市总工会组织工人作家和工人画家们“沿着毛主席的足迹，缅怀伟人的丰功伟绩”。我与冯霞同行，一路上频频领教了冯霞的“绝顶聪明”。冯霞有个脱口而出的口头禅，他经常喜欢调侃一个人“脑筋不足”。“脑筋不足”就是脑筋不够用、不灵活、转不过弯，用现在的流行语大概就是有些“二”。冯霞说一口带有浓重阳曲口音的普通话，“足”发音成“觉”（jué）。“脑筋不足”容易听成“脑筋不觉”，于是，就又有了佛家“觉悟”“反悔”的含意。义随音移，说来真叫神奇。

轻舟已过万重山　国画　368cm×116cm

此行转了一大圈。从“红太阳从这里升起”的韶山，到“指点江山，激扬文字，粪土当年万户侯”的岳麓山橘子洲头；从“山下旌旗在望，山头鼓角相闻”的革命根据地井冈山，到广州农民运动讲习所；从确立毛泽东领导地位的遵义会议，到“谈笑间樯橹灰飞烟灭”的重庆谈判；最后再到“从胜利走向胜利”的革命圣地延安。

一路上，正巧有一人作为冯霞聪明过人的陪衬。他叫常荫生，是来自太钢的一名语文老师，还曾经担任过我小学六年级的班主任。他对事情的反应，往往是慢半拍，别人都已经付诸行动了，他才一副恍然大悟的样子。冯霞说常老师是“醒悟醒悟，醒过来已经误了”。常老师挺有自知之明，他解释说：我小时候得过脑膜炎，看病的郎中说必须吃十个干羊头才能康复。可我们家穷，哪能吃得起十个干羊头。我妈想尽办法，也只给我吃了三个干羊头。冯霞于是借题发挥说，聪明女人七成子，男人不机迷是一阵子。常老师是“倒三七开”“不够成数”，比正常人差下七个羊头。于是，“差七个羊头”成了调侃的话题，并演变成常老师的“代名词”。常老师一路走一路闹笑话，“撒下一路驼铃声”，成为我们此后很长一段时间茶余饭后的趣谈。

按原来规划的路线，在重庆瞻仰完重庆谈判的旧址，参观过渣滓洞白公馆，应该是奔赴革命圣地延安。冯霞突发灵感要改变路线。他说到了重庆，还能不看三峡？“朝辞白帝彩云间，千里江陵一日还。两岸猿声啼不住，轻舟已过万重山。”当作家画家的，行万里路胜读万卷书，还能眼睁睁地错过使那么多大诗人心醉神往的三峡？

常老师有些担心：毛主席又没走过长江三峡，我们这不成了游山玩水？怕回去后不好报销差旅费。冯霞一副胸有成竹的样子，说常老师“脑筋不足”，你不想想，下三峡上庐山，领会伟大领袖“乱云飞渡仍从容”的气魄，中国共产党历史上大的十次路线斗争，就有两次是发生在庐山，还有比这更符合我们此行的主题吗？

看见常老师还是满脸的狐疑，冯霞大包大揽，一拍自己的胸脯：“你的心就跌回肚盒里，一切包在我身上。”

冯霞一口浓重的阳曲口音，从他嘴中出来的“我”，听来既像是“俺”，又像是“哦”。加之一拍胸脯的自信，芸芸众生嘴里的“我”，猛然间就显示出一种“迥然不同”的个性特点，有着哲学家弗罗姆所强调“做自己”的意味。或者再夸张些说，有点像皇帝称自己用“朕”，透着一股“唯我独尊”“舍我其谁”的傲气和霸气。

决定了下三峡，到重庆朝天门码头买船票却遇到问题。到售票处一看，黑压压的一片，根本买不到下三峡的船票。常老师自告奋勇：“明天后半夜我就来排队，这个事我能干得了。”

冯霞小眼珠子一转，早有了主意。对常老师说：“等你去排队买船票，黄瓜菜也凉了。”说着又是一个“脑筋不足”。

常老师疑惑：“又不坐船咧？又改变路线？”

冯霞又是一拍胸脯：“你看我的。”

我也纳闷：“你能有什么办法？”

冯霞故作神秘地凑到我的耳边，悄声说：“还得你配合一下。”说着，如此这般地面授机宜。

冯霞推开拥挤的人群，直接挤到售票口前，故意用他那口极难听懂的阳曲土话，叽里呱啦地嚷着。人们听不懂他在说些什么，只是往出扯他，“买票到后边排队去”。冯霞再次挤进人群，继续急眉猴眼地又是捶胸顿足又是抓耳挠腮，似乎要解释什么。人们还是听不明白冯霞那口阳曲土话。你扯我拽挤作一团，一时间秩序变得有些混乱。这时，我按冯霞事先设计好的“台词”，走上前去维持秩序。我故意装作不满地瞪着冯霞，怒斥说：“你这个同志实在不自觉，看不到这么多人排队，你要干什么你?”冯霞又是叽里呱啦一阵说道。我显出不耐烦的样子，对着人群说：“唉，宁与聪明人吵架，也不和这样不机迷的人说话。算了算了，跟他嚷嚷半天，有这耽搁的时间，让他买了就算了。弄得谁也买不成。”

一切不出所料，冯霞如愿以偿买到了船票。

在此后的四十年间，冯霞对此事记忆犹新，屡屡提起重庆朝天门码头由他编导我默契配合演的这幕双簧剧。

一水东去，江轮的速度不算快。冯霞端坐船舷，已在他的速写本上纵情涂抹，勾画了一张又一张草图。仔细看时，发现冯霞在画上落款处的诗句，并非古人吟诵三峡的传世名句，而是他自己的即兴吟唱。《峡江行》：“几回泛舟出夔门，一水划开十二峰。江山醉人不啻酒，有谁举杯对峡云。”《神女峰下》：“是谁杜撰襄王梦，高唐阳台影无踪。一自楚辞赋云雨，千古风流出夔门。神女冰清染韵事，舀尽长江洗不清。试问当年焚书者，为何不将宋玉坑!”

哈哈，冯霞老兄翻历史旧案，为神女的清白打抱不平。

江轮缓缓驶过了小三峡。有人指认，顺小三峡进去，便是昭君故里秭归。冯霞又在速写本上题诗《念昭君》：“大漠铁骑溅火星，中原有谁护汉宫？忽闻琵琶声远去，红颜一骑胜千军。”

一路上，冯霞时有灵感迸发，算是让我见识了这个“绝顶聪明”

之人。

冯霞长得像个胡人，他给自己起的微信名叫“虬髯刀客”。就凭那一脸卷曲的连鬓胡子，也会让人“有脸为证”，猜测他有着胡人血统。阳曲一带，自古就是农耕民族与游牧民族反复争夺犬牙交错之地，胡汉杂居异族通婚司空见惯。

我问过冯霞：“你是否有着胡人血脉？一般混血儿都聪明。”

冯霞说：“微信上用虬髯刀客，虬髯是指我这脸胡子。《太平广记》一书中，收录了唐末杜光庭创作的唐代传奇《虬髯客传》。故事讲了李靖、红拂女和虬髯客三人的江湖侠肝义胆。刀客，是指搞版画，用雕刻刀，并不是武士剑侠的刀客，喻示了我的身份。我这形象特别像腾格尔，有股阳刚之气。起号哇，必须带点调侃性质，这才有意思。像文人们起的字号，酸得不行。”刀客，大概还有着冯霞要镌刻自己的寓意。

冯霞又说：“我老子也像胡人。可是好像和胡人扯不上关系。后来人们考证，姓冯的祖先是姬姓，封地为冯城，以城为姓，冯氏一脉传承是这么来的。”

谁是冯霞?

我与冯霞结识，已经有四十多年的历史。

早在1973年，太钢在峨口铁矿搞过一个史无前例的“定向大爆破”：为了争速度抢时间解决太钢的“无米之炊”，策划把马鬃山群峦中一个鼻梁般的小山包，大胆地采用“定向爆破”的技术，横空劈下山梁堆积到山谷里，一举筑成尾矿坝。

为了宣传这次“安得倚天抽宝剑”“一万年太久，只争朝夕”的壮举，太钢革委会组织了搞文学、美术、摄影等各方人士，前往现场目击见证。就是在这次活动中，我得以结识了汪伊虹、祝焘、王朝瑞等后来的山西省美术书法界名流。

那一年，正巧山西人民出版社把冯霞的油画《大打矿山之仗》，印成了对开那么大的招贴画，在峨口铁矿到处张贴着。人们到处在传，《大打矿山之仗》是太钢工人冯霞画的。可不得了，那年头一片“文化沙漠”，除八个样板戏的宣传招贴画之外，看不到什么美术作品。由山西人民出版社公开发行，一印就是几十万张，那是铺天盖地横空出世。一时间，太钢上自公司领导商钧、韩桂五们，下到一般的文艺爱好者，甚至没有多少文化的工人都在到处打听，谁是冯霞？是男是女？咱太钢还有这人才？冯霞的名字在太钢传得几乎家喻户晓老幼皆知。

冯霞的名头岂止是局限于山西一域。同是从太钢脱颖而出的画家王爱忠回忆起这样一个细节：20世纪70年代，冯霞的名头如日中天。湖北省的一个画家到山西，慕名来到太钢，一定要见识见识这位“才气横溢的美女画家”。王爱忠善意地挡了驾。“人生若只如初见，何事秋风悲画扇。”宁让人留一份念想留一份遗憾，也不要见面让人大失所望——“看景何如听景”。

谁是冯霞？一种慕名而来的寻识，一种久仰大名的幸会。

冯霞说：“我的《大打矿山之仗》是1971年画的，1972年正赶上纪念毛泽东《在延安文艺座谈会上的讲话》发表三十周年，出版社就把我抽去搞宣传。为啥要抽我？1971年的时候，我在太钢钢研所，我脑筋灵，不是有个毛主席的‘6·26’指示吗？我就画了个《赤脚医生》，正赶上形势，《山西日报》就登了。这一下，全山西都知道了有个太钢工人冯霞，工人也能搞创作。”

峨口铁矿的这次采风活动，冯霞的风头绝对压过了其他名家，他成为众人瞩目的核心人物。

每次出门，在驰往目的地的大巴上，冯霞都活跃得很，他用他那口阳曲口音极浓的普通话，为沉闷的旅程带来轻松愉悦的气氛。一上车，他就开讲，从他嘴里总会流出那么多虽然略显粗俗，然而却不失幽默风趣的小段子。

大打矿山之仗　油画　300cm×170cm

比如冯霞让人们猜谜。他有板有眼地说出谜面："前后门有关有闭，毛小二两头受气。两光棍来回出入，三拐子不能进去。"冯霞说："打一常见玩意儿。"说着，眨巴着狡黠的眼睛。人们自然就被误导得"想入非非"。汪伊虹那时还是矜羞少妇，嗔怪地笑骂冯霞："狗嘴里吐不出象牙来。"冯霞却是一本正经："可是象牙，可是正经八百象牙。你不要自已想歪了。"说着，冯霞不无得意地道出了谜底："风箱，农村里烧火用的风箱。前门闭上了，后门就拉开了。两根光棍在里面来回出入。形象不形象?"人们恍然大悟。

冯霞意犹未尽，说是荤谜素猜，不能想歪，又出一谜："一上一下两人，一进一出费劲，累得浑身出汗，只为中间一缝。"说着，还专门强调，你们可不要像鲁迅说的，一看见白臂膀，就想到半裸全裸，性交私生子。往正道上走，不要走到歪门邪道上去。他还故意把"邪道"说成"牙路"，引得人们笑声一片。冯霞要的就是这种效果，他更为得意，进一步"启发"说，让你们猜的是世上的"三大累"之一。世上干啥活最累？和泥、拉锯、做爱。现在的人恐怕已经无法感受和泥是怎么回事，也想不明白为什么也会属于"三大累"之一。那时候北方的冬季没有暖气，需要用烧土和泥煤混在一起打成煤糕，供烧火取暖用。和泥这活儿确实累。冯霞谜面文字的多歧义，再加上他的提示把重头落在做爱，自然又引起人们一阵哄笑。冯霞见人们又落入自己的"圈套"，才不紧不慢地说出谜底：拉锯。你们没有见过木匠破原木？是不是这样：一个在上一个在下，一会儿推进去一会儿拉出来，两人累得气喘吁吁，不就是为了中间的那一条缝?

笑声未落，冯霞又出一谜："一天我从竹林过，碰见姑娘七八个，大的和我亲过嘴，小的让我摸揣过。”“摸揣”是阳曲土语，有着动手动脚狎昵的意味。有了前面的经验，大家不再歪想，只是一时半会儿猜不出来。冯霞得意地说，陈为人是宣传队出身，应该知道。说着做出一个姿势，大家才哗地笑了，不就是吹笙吗！

那一年，发配到太钢劳动改造的唐达成，被格外“开恩”，也参加了这次采风活动。唐达成写出了《峨口尾矿坝“定向大爆破”目击记》，我写了《一曲惊天动地的矿山交响乐》。

其间还有个小花絮：那年，汪伊虹与祝焘两人还没有喜结良缘，祝焘是孤身一人。我慕名请他给我画一幅画，他给我画了一只小鸟，孤立于枯枝上。我想此画面大概正表露出祝焘当时的心境。后来，时过境迁，他与汪伊虹画家伉俪，恩爱情深。祝焘此后所作花鸟之画，总是成双成对，再也没画过或者说再也画不出那种特定情境下的形单影只。

正是这次采风活动，也孕育了冯霞表现矿山主题的成名作《道路的性格》。

剑走偏锋才能一招制胜

冯霞说："为画《道路的性格》，我七次登上马鬃山，去了好多次峨口铁矿。一开始，我是画了《碾碎矿山千年雪》。矿山上有一种大铲车，不在山上组装，太麻烦，拆呀装的。要在山底下组装起来，大家伙往上开，拿推土机拉着。那个场面实在壮观，我就心想着画这个大设备上山。我给它起个名字叫《碾碎矿山千年雪》。这幅画在太原市1972年那次画展上展出了，也上了画册。后来在这幅画的基础上，又重新构思，就比较前卫了，新时期到来之际，就比较注意形式美了。也是画雪，不仅不画所谓的工农兵形象，干脆把一切物象都去掉。大铲车、推土机也都不出现在画面上，完全是一幅'自然景象'。没有了世间俗物，这样的提纯，展现出的是天造地设的自然景观被人为开采所带来的破坏。世上的道路都是弯曲的，哪有笔直的路可走？尤其在盘山道上更是展现了道路的曲折。自问自答，可不是呢，世上的路儿，生活的路儿，战斗的路儿，都是曲折的，哪有直路可走。题目也到了嗓子眼上咧，道路的风格？道路的性格?”

冯霞还说：“画了好多草图，回来后，王喑晓（当年的太原市文化馆馆长）一看，拿起一张，说，冯霞你把这张放大。当时有很多速写的草图，王喑晓就指着这张说，嗯，就这张。当时，我也不懂套色木刻，侯杰人家是个搞版画的，山西一直是版画时兴，最有实力。美术界的力群呀，苏光呀，董其中呀，都是搞版画的。我为了搞这幅版画，现跟人家学。第一稿出来，董其中（当年的山西省美协主席）看了，说，冯霞，这幅好。但是应该把路儿再藏一藏，不要都露出来。道路哪能一下看清的……我回来又画了第二稿。”

我问：“当时你油画也能画，中国画也能画，为什么你要选择了自己不熟悉的版画?”

冯霞说：“题材决定画种，它画面上，雪地里的履痕、轮印，就特别适合于用版画语言来反映表达。”

王爱忠曾向我谈起冯霞的版画《道路的性格》。当时冯霞的名气如日中天，王爱忠1980年代初从部队转业，他慕名托了关系分配到太钢，投师冯霞名下。后来，有状元徒弟没有状元师傅，王爱忠凭借自己的努力，成为太原市美术家协会的主席、太原市画院的院长。2012年，王爱忠当选为第二届山西省工笔画协会主席，而冯霞是他麾下的常务副主席。

王爱忠说：“冯霞的《道路的性格》，在绘画语言上有许多创新。当时，中国北方的版画界一般都是油印，而冯霞却采用了南方江浙一带的水印。那时候，吹塑版呀、纸版呀、拼版呀、石膏版呀，基本还都是过去的一套，人们印版画还只有宣纸，不像现在发

晨曲　版画　60cm×16cm

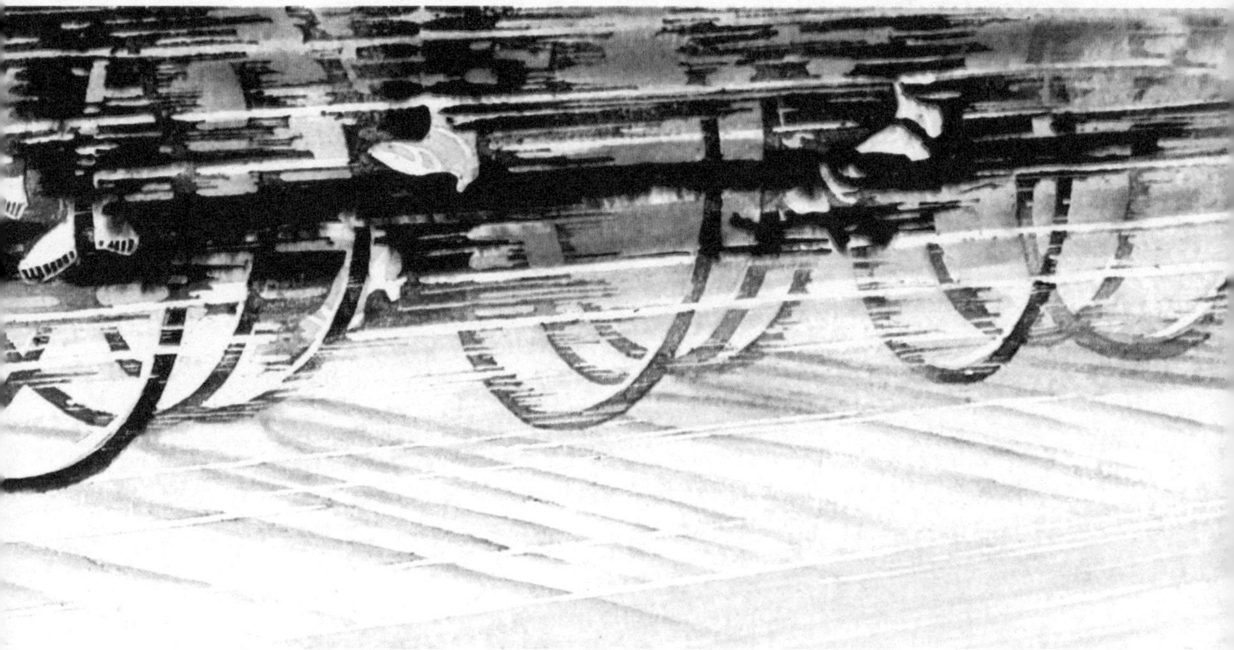

展很先进，都用上丝网版了。冯霞不是对太钢熟悉吗，就用了一种滤油纸，所以出来的效果非常好。冯霞得意地说：‘让它尿几股子就是几股子。’”

我向冯霞求证，冯霞回答说：“是了是了，当时我是用水印，凸印，趁势就把纸给压下去了。用水一压，高的地方就成低的了，出来的效果特别，有车轮、履带、脚印的质感。中国古代也有这种凸印，但古时的纸不像现在这样，特别是太钢实验室用的那种过滤纸，纸厚，十天八天干不了，特别适合水印。压下去，一直就能保持原态，几十年不会变形。像一般的纸，只是浅浅的痕，不像我的过滤纸，能出来雪痕的效果，完全是那种雪地里的感觉。”

王爱忠还向我介绍，1984年，联合国“世界气象日”来临前，冯霞与众多著名画家应邀，围绕“气象为农业服务”的主题，创作绘制招贴画。冯霞构思敏捷，没几天便构好了图：画面上一位女气象工作者，英姿飒爽。左手持风速仪，当空测天；右手擒一青龙，口吐甘霖，洒向天地，洒向田野。全国古今画龙的图画不少，但大多是以传统的龙形图案为范本。冯霞的这幅招贴画中，没有沿袭过去陈旧的“龙图腾”，而是一反传统图案，别开生面地画出了活生生的具象龙。他运用水粉画的光和色、冷与暖，把个腾云驾雾、耕云播雨的青龙，画得栩栩如生，细微之处，竟然龙眉上的小疙瘩也清晰可见。我惊奇地问冯霞，怎能把龙画得如此逼真？冯霞说小学时，学校设在庙中，教室里的墙上、梁上、柱子上，就连檩条上，也到处雕琢着龙的形象，自己常常在作业本上照着画龙。按冯霞的话说，画龙有着“奶功”。此画出版发行后，因其构思巧妙、画面

道路的性格　版画　56cm×24cm

生动，引起了与会代表的一致赞扬。

冯霞笔下时有出手不凡的奇招。

冯霞向我介绍说："我是从《碾碎矿山千年雪》才开始学版画，过去我哪懂个这！这才开始学咋错版、咋着色，你要从书本上学，这来厚的一本书，半月十天你根本连个门头夹道也理不出来，可是你一看别人操作，直观地就学会了，要是师傅带徒弟可快了，比你理论上从头学起快多了。这叫'偷艺'，所以以前师傅带徒弟，到了关键时候，就把你打发到一边去了。我生性灵，一看就会。"冯霞说着得意地笑起来了。

汪伊虹曾感慨地对刘素珍（太原市画院原院长）说："有些徒弟你是教死了他也学不会，冯霞是一看就会。"

冯霞在创作版画《道路的性格》时，再一次体现出他过人的聪明劲。

苏格拉底有个观点：有的人是学而知之，有的人是生而知之。好像带有"先验论"，其实很有道理。艺术这门行当，天生的悟性可能比后天的勤奋更起决定性作用。

评论家李敬泽的一番话给我留下极深的印象："小说，应该是个野孩子——不是小学里当上课代表、随时准备打小报告的孩子，也不是长大了西装革履的成功人士；是吸溜着鼻涕，有小兽一样的眼睛，上房揭瓦爬树掏鸟，恶作剧的、有纯真的善和纯真的恶的孩子。身上有一种'摩罗诗力'，通灵，通着另外某种幽暗的、光影闪烁难以言表的意义。"李敬泽的话说得意味深长。我想，这番话用来描述一个真正的画家大概也适用吧。

愤怒出诗人，刻薄人能著好文章，一个循规蹈矩、刻板凝滞、亦步亦趋的人画不出灵动的画。倒是那些不按常理出牌、别出心裁、独辟蹊径的人，往往能出奇制胜。

剑走偏锋才能一招制胜。

盘曲始明山道难

1981年第二届全国青年美术展上，冯霞的版画《道路的性格》一举斩获银奖。这一届的金奖，就是罗中立那幅影响广泛的油画《父亲》。那时候的评奖还是很有权威性的。大家都认可，那是凭着真才实学、真刀实枪比拼出来的——“货真价实”。

第二届全国青年美术展在中国美术馆展出时，时任山西美协副主席的董其中专门请不久前刚刚返京担任《文艺报》副主编的唐达成去参观。唐达成深深为冯霞《道路的性格》所感染，凝望着布满积雪与履痕的画面，伫立了很久很久。

这幅画引发了唐达成强烈的共鸣，产生了极大的震撼。唐达成专门为此写了一篇文章《路的遐想》，发表在《文艺报》上，后来又收入他获鲁迅文学奖的杂文随笔集《世象杂拾》。

1970年代初，我和唐达成合作写一部反映矿建斗争风云的作品，住在峨口矿建指挥部所在地王家河。王家河坐落在山西代县马鬃山群峦中的一座半山腰上。一条蜿蜒曲折的盘山道，往上直通峰顶上井

碾碎矿山千年雪　版画　103cm×73cm

荒，往下是谷底的一条饮马河。

大概有将近四个月的时间，我们把无数的足迹踏在了这条盘山道上。

这是一幅苍山落日图，苍山如海，残阳如血。在晚霞的映衬下，马鬃般起伏的山峦（马鬃山大概因此而得名），在渐渐转暗的天空下，勾勒出起起伏伏轮廓，好似在极薄的宣纸上描绘的一幅剪影。这种景色，既可以看作亘古不变，也可以觉得常见常新。景随物移，触景生情。

大部分时间，唐达成是默默地走，眼光望着余晖渐渐消退。偶尔，他也会猛然冒出几句感叹：

“人生就是走在一条弯弯曲曲的盘山道上。苏联文学里常用一句话：‘革命不是在涅瓦大道上散步。’少年读书不思量，等你真正懂得这句话，已经是夕阳无限好，可惜近黄昏了。”他说这句话时，一抹晚霞映在脸上，竟是一脸沧桑，一脸惆怅。唐达成那年不过才四十出头。

“人生之路，你觉得是你在选择路，其实还是路选择了你。人生的路上，多少独行者被裹挟而去，卷入滚滚人流。鲁迅大概正是在这个意义上说出‘其实地上本没有路，走的人多了，也便成了路’。”唐达成对鲁迅的这句名言，竟然是这么一种不寻常的理解。

“‘往前走还是往回返？’这是一个走在路上时人们常常思索的问题。领跑者往往是吃力不讨好的，包含了启蒙中冒险的全部内容。承担风险，付出代价，说不好还落一个爱出风头的褒贬。跟着跑，倒可能是一种智者的策略。”

……

唐达成还有诗云："临峰方知众丘小，盘曲始明山道难。仰天长啸气荡荡，夕阳依旧伴群山。""缥缈幻真假，虚实有无间。"

路，在唐达成的哲学思维中成了一个重要意象。

卡夫卡只有天堂，没有道路。鲁迅则只有道路，没有天堂。在峨口的那条盘山路上，唐达成进行了哲学的人生思考。

唐达成的人生道路，是一个中国知识分子在20世纪后五十年的艰难跋涉。充满了太多的峰回路转，惊心动魄，刻骨铭心。

董其中曾感慨万端地撰文《饱含哲理，发人深思——赞版画〈道路的性格〉》："有人可能这样想：道路曲折、坎坷不平，人生的道路何尝不是这样呢？严冬季节，路旁丛生的荆棘中挺立的新枝，显示出顽强的生命力。看着画面上一个个深深的脚印，我们仿佛可以听到人们不畏严寒、艰难前进的脚步声。伟大诗人屈原'路漫漫其修远兮，吾将上下而求索'的声音也仿佛又在耳边回响……中国的革命不是也经历了艰苦的、曲折的道路吗？三十多年社会主义革命和建设的历程，更使我们看到了社会主义道路的曲折性。当代一位著名诗人写下了这样的诗句：'不明白走过弯路，又哪知道正道在哪里。'……道路的性格——曲折性，也是人的性格，事物的性格。"

诗人唐宪国用诗性的语言写下《观木刻〈道路的性格〉有感》："上上下下，曲曲折折，遥遥漫漫，萧萧瑟瑟。恰似九转愁肠，更披坚冰厚雪。虎狼蛰，鸟飞绝，人踪灭，对此不禁心寒彻！太白三歌《行路难》，而今方信真如铁！真如铁，难煞多少征客？细观察，足迹、蹄印、车辙。分明有人翻越！为求理想、光明、幸福……拼却几腔热血？懦夫难踩珠峰顶，好汉终至长城侧。无窍诀：积跬步，勤跋涉。从来柳暗花明村，总被重山复水隔。古往今来皆由此，造就多少豪杰！鬼斧神工何妙绝，耐人寻味衷肠热。可明白？历史、人生、革命、建设……一切！何其相似：有曲有直，时宽时窄；远近相连，险夷相迭；真理不负有心人，'上下求索'终可得。道啊！路啊！这可是你天赋的性格？"

著名画家李焕民从《道路的性格》中引发出这样的感慨和联想："我们经常在公路上跑，并没有认真想一想，或者想了也是重复别人的思路，而《道路的性格》的作者倒是思考了一番，有了新的发现，揭开了一个新的天地。"

20世纪70年代末80年代初，百废待兴、积重难返、痛定思痛，"山坳上的中国"正面临着"道路的选择"。经历了无数次的筚路蓝缕、坎坷颠簸，对"路"的思索，已然由感性上升为理性。这是一个时代的共同思考，这是一个民族的集体潜意识。《西游记》主题曲《敢问路在何方》唱出了亿万民众的心声。

冯霞的《道路的性格》画出了一个时代的"共名"，所以才会引发众人的共鸣。三十多年过去，关于道路的思考仍未尘埃落定，甚至更为甚嚣尘上，使一幅画的意义获取了当代启示。

人生打拼才能赢

冯霞在《道路的性格》创作谈中，曾说过这样一番话：“我在家乡走着曲折的土路长大；参军后当工程兵，亲手开拓过曲折的路；转业后到工厂、去矿山，又遇上这曲折的路……”

版画《道路的性格》，一定也寄寓了冯霞对人生的感悟与思考。

冯霞向我讲过他坎坷曲折的人生经历：

“我家穷。穷学艺，懒出家。我母亲得了病，穷得住不起医院。取个偏方方呀，求个神佛呀，到死也住不起医院。所以我哥冯云从小就立誓学了医，考了中医学校。后来还到美国讲过学，著书立说，山西古籍出版社编过他的几本书。医道挺好的。我从小就好画，那就学画哇，我从小经历过甘苦，所以现在当了评委，看到一些小年轻的画，能上就上。我小学时，老师一夸奖，打个九十分，高兴得很，就有了信心。我有过体会。”所以冯霞现在评画，特别注意培养年轻人，也许一个肯定，就成就了一个有潜力的画家。

冯霞又说：“学生学得好不好和老师有关系。我在高小五六年

收获　版画　65cm×41cm

级，有位张仁杰老师，他水彩画画得很好。他那时画月饼，一个整的，一个掰开半拉，画得惟妙惟肖，就像是真的一样，比相片还逼真，真可以“画饼充饥”了。我就惊叹他能画得那么好。他受过专门训练，对学生也不磕打。”

冯霞讲述了自己初次步入社会的经历：“1960年，我高中毕业后，考到了山西省工艺美术厂，当时厂子刚成立，就招了我们一批画得好的。陈建民、刘勇、王木兰、苗新田等人，后来都成了山西美术界的知名人士。可以说我踏入社会的第一步，就懵懵懂懂地闯入了一个艺术大家的世界。当时，那里的老师有林凡、吴殿军等，他们大多是从北京到山西的。现在来看，他们都是艺术界的大家，有些至今仍然活跃在各自的艺术领域。林凡现任全国工笔画学会的会长；朱焰是山西省著名书法家，曾任山西省书法家协会主席。就是现在很少有人提起的吴殿军，那也是山西舞美第一把交椅，没人能比得上他。可惜他一辈子不得志，最后临去世才评了个二级美术师，还不是正高职称。吴殿军的老婆和我是同学。山西省工艺美术厂是我最初接触美术的地方，也是展开我人生绘画长卷的地方。我以为自己运气不错，老天爷在一开场就为我展开了五彩缤纷的艺术人生。

“美术厂原来在侯家巷一号，和文化局在一起，他们在二楼，我们在三楼。在那里接受了还不到两年的正规训练，我就被压缩回了原籍阳曲县。在家里我仍没有放弃画画，一直没有中断对创作的追求。总想着与众不同，总想着出人头地。我在家开始搞创作。朱焰会画鸡，我受他影响，回到公社，我也画鸡，画了一群鸡，取名《金鸡高唱东方红》。画了个四尺整张，比真鸡还要大。很快，我的画在‘太原市迎春画展’中展出。我那时还是个娃娃，二十岁不到，所以在太原美术界比较轰动，人们都知道朱焰老师有一个会画鸡的学生。阳曲县的领导也知道了，咱阳曲县还有个画画的，就到我家里一看，说画得好，就把我调到阳曲县电影院当美工。电影院画幻灯片，其他美工都是临摹连环画、小人书画，然后打上底子。打那时候我就爱创作，不是照猫画虎照上连环画画，我是打上小样，自己想象着，按着幻灯脚本来构图。不像别人，仅仅是线条，就是个平面图，我是像画油画，追求明暗效果。我很快成了阳曲县的名人。当时正赶上全国上下宣传毛泽东思想，我就挽起袖子给县电影公司画幻灯片，画毛主席像。那几年，阳曲县几乎所有的标志性建筑上挂着的毛主席像都是我画的。

“1968年，我想，参军哇。当时我已经超龄，二十四岁了，隐瞒了两岁，说自己是二十二，人家接兵的知道，笑了笑，睁一眼闭一眼，就把我带回去了。当时部队上哪有我这号人才？哈哈！

“招我的部队是工程兵，隶属北京军区，38军，后来划归63军。当时，正搞全国备战和‘大三线’建设，为响应国家‘深挖洞，广积粮’的号召，全民全军都在挖洞，我随部队把太行山东麓一线挖了个遍。‘珍宝岛事件’后，部队又调到内蒙古，在内蒙古我们所在部队又编入69军。虽然跟着部队东奔西跑，但我是属于特殊人才招进去的，所以一直没有离开画画本行。先是在电影队画幻灯片，后来又到了师部文工团画布景，还去了69军军部搞展览。我为啥一从部队回来就能画油画？就是从画幻灯片时已经开始了。我能够在火柴盒盒大小的幻灯片上，把《毛主席去安源》打上格格画出来。在那么小的火

金鸡高唱东方红　国画　120cm×60cm

柴盒盒上画像，可以跟现在的微型画媲美。我那时候眼睛也好，眉眼搭进去，放大了校对校对，你看这本事。”

那些年，百业俱废，寻求出路的人都挤到了艺术门类。我在家百无聊赖时，也学过画油画，《智取威虎山》里的杨子荣、《沙家浜》里的郭建光、《红灯记》里的李玉和，我都照着剧照，打上格格画。我知道，那可不是个简单的活。

我问冯霞：“那时候参军到部队，可是众多年轻人向往的事情。到不了部队还想穿个绿军装，那多时髦。你在部队又用不着风吹日晒，干的还是自己喜欢的画画，为什么又要离开部队呢?”

冯霞说：“1971年，在69军搞完展览回到团部，正赶上‘复补教育’，老乡们都纷纷要求退伍。我也一起打起背包退伍了。说起来，心里还打着个小九九：就算混成个高玉宝，够出名了哇？也不过是个俱乐部主任，一个营级干部。你能混成个啥？就申请退役了。

“回来后，第二年，搞样板戏，没有画布景的。师政委知道我，问，小冯呢？人家说退了。他说，谁让退的役？给我叫去！师部就派了个解英超干事，是搞摄影的，还是新华社通讯员，跟我关系挺好。解干事曾给太原市警备区司令曹西康当过通讯员，可以向曹司令员要一个征兵指标，就把我又招回去了。解干事说，看你现在工作也挺好，你回不回？回去就让你当干部呀。我考虑，部队就是搞军事的，搞美术没有啥前途。要回去提干当官，就画不成画了。我就不是当官的料。那时已经调到太钢，抽到俱乐部来了。解干事说，你这岗位挺好的，回不回你自己考虑哇。他还说，他在部队也待不长，铁打的营盘流水的兵。”

冯霞的脑袋瓜子就是灵，觉得在部队不能很好地发挥自己的特长了，又很快转业回到地方。

冯霞说："退伍后，我被分配到太原市实验晋剧团。当时正是大演特演八个样板戏的年代，剧团到处演《智取威虎山》《沙家浜》《红灯记》。我在剧团的工作是画布景：阿庆嫂的茶馆、李铁梅家的草房子、鸠山的办公室，沙奶奶家的院子，一画就是几进几出的院子房屋。颜料是用桶配，布景是用大刷子刷，用滚子滚，那就是个苦力的干活，一刷就刷下七八汽车布景。从实验晋剧团后台抬出来，装上车，拉到长风剧场，卸下来，抬进去，挂起来。重苦力，哪是画画的。干了三四个月，我看不是个事，我不能在剧团待，那里人家首先要考虑演员，就不拿你美工当回事。我觉得再不能这样活一辈子，我就找到了太钢。"

树挪死，人挪活。脑袋瓜子灵的冯霞再一次"跳了槽"。

冯霞说："太钢当年正是军管时候。69军的军代表姓方，主管着太钢的人事调动。军代表对退役军人还是有感情的，二话不说，同意把我安置到太钢。方代表的婆姨在钢研所，钢研所一直想要个画画的人，早跟方代表打过招呼。我关系还在实验晋剧团，人已经到太钢报到上了班。方代表问，你工资多少？我说四十五块钱，那时候也不会做假，是多少就说多少。方代表也不说啥，只说就按这个开。调令开出去了，嘿，实验晋剧团不放，扯皮了有半年多。后来还是晋剧团老书记赵仁杰帮我把工资关系转回太钢来。

"1971年，太钢每个基层单位，每个月都要求更换一次板报专栏。我到钢研所，英雄赶上用武之地。这一期是版画，下一期是油

缚龙　国画　174cm×96cm

画，再一期来个年画，变着样子来。因为我在美术厂就都接触过了，而且我干什么事都有些想法，所以一下子就轰动了。钢研所的板报专栏，位置正设在尖草坪十字路口一家女子商店对面。每次，我弄的板报专栏一出来，女子商店门前的路就围堵得水泄不通。每每得交警疏导维持秩序。”

冯霞此言毫不夸张。当年，钢研所的板报专栏成为太钢的一道风景线。人们一传十十传百，几乎是家喻户晓。连主管宣传的太钢公司领导薛正汉，也专程前往观看。钢研所搞文字的周吉生，还专门作为新闻介绍，领我与唐达成去看过。

一招鲜，吃遍天。冯霞虽然在人生的道路上几经波折，但凭着他自己的绘画手艺，硬是一次次“化险为夷”，为自己打出了一片天地。

游出鹅池水自清

我问冯霞：“像你这，也没个固定的师傅?”

冯霞答道：“没有，就是‘自学成才’。林凡呀、朱焰呀、吴殿军呀，还有王焕，美术厂的厂长，还有后来的汪伊虹等高人都是我的师傅。我又不照抄，我能触类旁通，我能举一反三。当年在工艺美术厂，吴殿军、林凡、朱焰教我们。我的字有朱焰的风格，工笔画受林凡的影响。1972年，市里抽出来搞《大打矿山之仗》的时候，我和汪伊虹在一个画室。许多技法，就是在一旁看汪伊虹咋画，我就学着来，受益匪浅，她对我的影响也很大。”

古往今来，人们都信奉“名师出高徒”，很讲究师承门第。然而，著名画家陈子庄在《石壶论画语要》中却反其道而言：“名家门下不会产生有成就的弟子。”他的见解是：“因为名家风标独特，容易限制学生的创造性。”这句话与齐白石老人的“学我者生，似我者死”表达的是类似的观点。学院派纯粹的技法训练，只会像工厂的流水线，教出来一批批的“匠人”。

艺术贵在创新，创造是艺术的生命力。冯霞用自己的方法，而不是亦步亦趋地模仿古人或今人现成的成功。冯霞走的是一条不断寻求突破、不断寻求创新的坎坷之途。

冯霞曾写下《鹅池水浅》这样一幅题款："兰亭赝品临复临，笔洗风干波难兴。曲项无须向天歌，游出鹅池水自清。"

东晋时期著名书法家王羲之，史有"书圣"之称。其书法兼善隶、草、楷、行各体，精研体势，广采众长，熔于一炉，摆脱了汉魏笔风，自成一家。代表作《兰亭集序》的《褉帖》，被誉为"天下第一行书"。董其昌《画禅室随笔》说："章法为古今第一，其字皆映带而生，或大或小，随手所如，皆入法则。"

据传，王羲之身后，《兰亭集序》几百年来一直珍藏在绍兴平水云门寺。唐太宗李世民慕名渴求已久，几次试图花重金据为己有。但是，《兰亭集序》是王氏传家珍宝，后辈谁敢当"败家子"随便卖出？一直将其密藏在阁房梁上，从不示人。直到王羲之的七世玄孙出家成为智永和尚，死前把这个《兰亭集序》传给他的徒弟辩才和尚。唐太宗为了寻访到真迹，可谓殚精竭虑心思用尽，甚至不惜行骗盗窃。因为辩才和尚酷爱下棋，唐太宗就派心腹大臣监察史萧翼去与辩才和尚对弈。久而久之两人手谈成挚友，萧翼总算得见《兰亭集序》的"庐山真面目"。后来萧翼找机会趁辩才和尚不备，施以"鼓上蚤"时迁的手段。唐太宗如愿以偿。他如获至宝爱不释手，临死还留下遗诏，将《兰亭集序》真迹作为殉葬品埋藏进昭陵。从此，《兰亭集序》在世界上消失了，世上流传的所谓《兰亭集序》都只是赝品而已。

上之所好下之所趋。唐一代，诸多文人如欧阳询、虞世南、褚遂良等书家不断临摹。以冯承素为首的弘文馆拓书人，奉命将原迹双钩填廓摹成数副本，分赐皇子近臣。现陈列在兰亭王右军祠内的《兰亭集序》，正是冯承素摹本的复制品。真本藏于北京故宫博物院，上面钤有“神龙”（唐中宗年号）小印，后世判定其为唐摹本的一个铁证。“神龙本”是现存最接近王羲之真迹的摹本。因其钩摹细心，故而线条的使转惟妙惟肖，不但墨色燥润浓淡相当自然，而且下笔的锋芒、破笔的分叉和使转间的游丝也十分逼真，从中可窥王羲之书写时用笔的徐疾、顿挫、一波三折的绝妙笔意。

《兰亭集序》的摹本不光有唐一代，后世名家中临摹者比比皆是，趋之若鹜。《兰亭集序》仿佛成为一块书法名家的“试金石”。

明代书画大家文徵明，与沈周、唐伯虎、仇英并列，合称“吴门四杰”。与唐伯虎、祝枝山、徐祯卿并称“江南四大才子”。晚年与老师沈周并驾齐驱，继沈周之后成为吴门派领袖。文徵明一生科举不中，一直考到嘉靖元年（1522年）。由少年考至白发苍苍，直到五十四岁那年，受工部尚书李充嗣推荐，授予职低俸微的翰林院待诏。然而他不是个做官的料，受到翰林院同僚的嫉妒和排挤。三年后，在他五十七岁时，“今日在朝不称意，明天散发弄扁舟”，辞官回苏州定居，自此致力于诗文书画，不再求仕进，以戏墨弄翰自遣。晚年声誉卓著，号称“文笔遍天下”，购求他的书画者踏破门槛，说他“海宇钦慕，缣素山积”。

今人可见的文徵明所临摹的《兰亭集序》就有四种：一件现藏于台北故宫博物院；一件现藏于江苏省南通博物苑；一件现藏于北京故

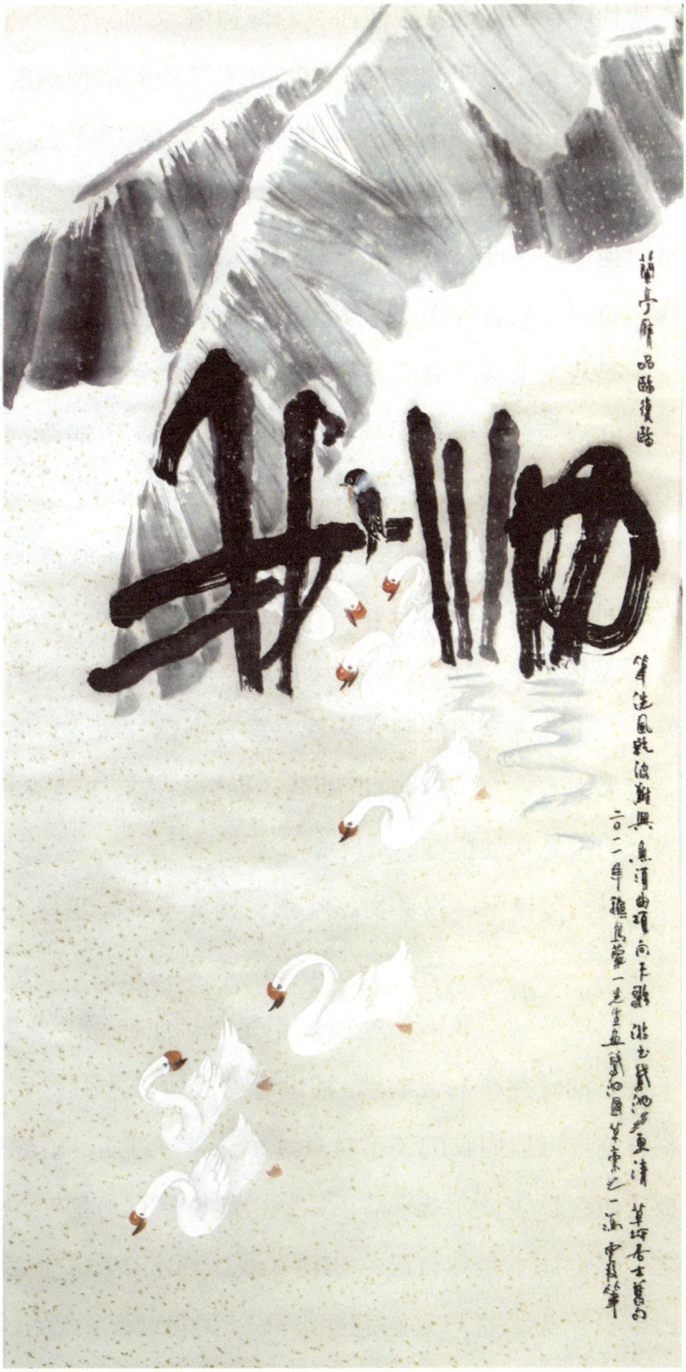

鹅池　国画　135cm×66cm

宫博物院；一件现藏于江西婺源博物馆。

据说，文徵明的老师李应祯在看了他的诸种摹本后，说了这样一番话："破却工夫何至随人脚？就令学成王羲之，只是他人书耳！"这句话影响了文徵明的一生，使他虽学继沈周，但仍具有自己的风格。他一专多能，能青绿，亦能水墨；能工笔，亦能写意。山水、人物、花卉、兰竹等无一不工，终成一代书画大家。

鹅池为王羲之庭院内研墨之池。柳宗元与刘禹锡谈及教子女习练书法的诗句，屡屡提到鹅池。柳宗元给刘禹锡的诗："闻道近来诸子弟，临池寻已厌家鸡。"刘禹锡回柳宗元的诗："日日临池弄小雏，还思写论付官奴。"柳宗元再复刘禹锡："闻道将雏向墨池，刘家还有异同词。如今试遣隈墙问，已道世人那得知。世上悠悠不识真，姜芽尽是捧心人。若道柳家无子弟，往年何事乞西宾？"刘禹锡再作答："小儿弄笔不能嗔，涴壁书窗且当勤。闻彼梦熊犹未兆，女中谁是卫夫人？""昔日慵工记姓名，远劳辛苦写《西京》。近来渐有临池兴，为报元常欲抗行。"

冯霞爱读书，这些文坛往事，构成了冯霞题写《鹅池水浅》的背景。

冯霞说："我对历朝历代年复一年地临《兰亭》有自己的看法。王羲之的《兰亭》，当然是稀世珍品，所以才引得后世的书法家们一临再临。可他们临的还不是真迹，只是一件赝品。这样东施效颦地死板模仿，想学长处结果落下话柄，能有多大出息？即使临摹成个王羲之，你也还不是你自己？鹅池水浅，杯水微澜。你就是曲项向天歌，白了少年头，也只是空悲叹。所以我劝世人，游出鹅池，才别有洞天。”

冯霞还说：“那些临摹了无数遍的庸碌之辈，其实并没有读懂王羲之的《兰亭》。王羲之文章中曰：‘人之相与，俯仰一世，或取诸怀抱，悟言一室之内；或因寄所托，放浪形骸之外。’王羲之说的是什么？不懂文章的意思，只是追求了形式，却忽略了其内容。这不成了买椟还珠的典故？”

冯霞记性甚好，对一些诗文能倒背如流。我有一句话形容冯霞：“静时呆若木鸡，动则疾如脱兔。”他静时耐得住寂寞，一个人写生素描，一坐就是一天不挪窝。冯霞笑说自己是“坐地日行八万里”。他有时独居一室画工笔画，画一根公鸡的尾羽就要花费一天的时间，甚至达到废寝忘食的地步。冯霞说自己就像《兰亭集序》中王羲之所言，是“因寄所托，暂得于己，快然自足，不知老之将至”。冯霞有时又变静为动，寄情声色，放浪形骸，嬉笑怒骂，调侃挖苦，活脱脱一个“不知老之将至”的老顽童。

冯霞还在一幅书法上题款：“印宗秦汉，书法魏晋，这两条裹脚布，束缚了书家几千年。能有胆识者，踢开羁绊，步上书坛，独树一帜，乃书之大幸。”

冯霞说：“我有个见解，画敢把书法引进来，书就不敢把画法引入书法，几千年来就是王羲之王羲之，所以书法进步不大。画所以进步大，就是它敢把书法引进画里来。为啥我说‘印宗秦汉，书法魏晋’，这两条裹脚布，束缚了书家几千年。后人往往本末倒置，不去向自然造化学习，却去追逐前人对自然造化的模拟，把流当成了源。”

关于“印宗秦汉”，冯霞还有这样一段趣闻。

铁犁开春　国画　180cm×180cm

冯霞说："刘刚、王志刚现在治印，不是汉印了，是现代印。刘刚的铁线篆，不得了，现在可是山西第一刀。他俩的功底很深，他们弄的现代篆刻，就像现代画一样，抽象的，也不是传统的章法了。"冯霞还是喜欢传统的"印宗秦汉"，最基础的是汉印，全得临这个东西，就像运动都得练跑步。齐白石也有印，他就不是汉印，他有个闲章："不知有汉"。刘刚、王志刚他们给冯霞刻下印，他不满意，就磨了。磨平后重刻，还要刻上边款："半月轩主、三虚堂主，近年治印，离汉风甚远，草坪居士，磨平重凿，以泄肝火。""刘刚他们看了后直说'好好好'！哈哈哈哈。"冯霞说着，高兴得笑了个前仰后合，露出其童真的一面。

冯霞又说："王志刚后来给我又刻，是正宗汉印，并且还落款：'草坪居士，虽放荡不羁，用印却非汉印不取，几次操刀，终不满意，磨平再刻，不厌其烦。此印偶尔得之，亦见居士偶尔用之，不知何时又磨平乎'。"

冯霞把一段题款，念得抑扬顿挫，一副自我陶醉、自我欣赏的模样。

冯霞并没有师从什么名家，人们曾戏谑地称他是"野路子"。他不依傍名门，靠的是自己的勤奋好学，更主要的是天生悟性。冯霞这种长期从"渐修"到"顿悟"的开拓之路，以"多师善变"的智慧和才情，走出了传统文化的单一境地，融入多元，兼收并蓄，创造了令人耳目一新的独特画风。多种审美缜思，使得冯霞犹如山西的"和子饭"，熔多种画风于一炉，形成他自己独具特色、清新明快、飘逸雅致的画风。表现在笔墨上是化机四溢、神采飞扬；表现在画境上是妙趣横生而又浑然天成。唐达成在谈到冯霞的画时，曾说过这样一个小段子：唐达成参观故宫时，曾为一件翡翠作品而拍案叫绝，那是一个切开的西瓜造型，绿的皮红的瓤，连瓤里的黑色瓜子也非常逼真。唐达成说，艺术的上品就应该是出于天然却又鬼斧神工，不露任何斧凿之痕。

冯霞的灵气表现在他能博采众家所长而不失自己的领悟。从“师古人”到“师造化”，由博取众长到师法自然，使得他的技法与古训“外师造化，中得心源”不谋而合、不期而遇。人类的许多创造，哪一项不是受到大自然的启迪？没有鲸鱼的体态，何来潜水艇的造型？没有蝙蝠盲飞的启示，哪有雷达原理的设想？没有飞鸟的翱翔，哪来飞机凌空的鹏程万里？冯霞那支饱蘸浓墨的笔，深深地对准生活现实。他在现实生活中清晰地看到大自然的新鲜与活力，“用笔不灵看燕舞，行文无序赏花开”，用诗一样的水墨语言去实现这种生命的本源精神。传统笔墨不再停留在“文人画”故弄玄虚的无病呻吟上，而是被赋予了妙趣横生的新形式。

画界称冯霞的画为“学者画”，他的画里有着浓厚的文学内蕴和哲学意味。

某个技巧在初创时期，我想一定也是颠覆性的、新奇的、充满勃勃生机的。只是因其成功，被无数庸碌的后来者东施效颦地群起效仿，最终落得“铅华落尽认前朝”。

绘画是以笔墨为媒介，一个生命对另一个生命的灌注。犹如母体与胚胎的传递，精血与灵气一点一滴地注入，只有生命才能产生生命，脐带是心有灵犀一线牵。“精气烟煴，聚而成物”，“因气血汤生”。即便是同一个绘画大家，真正富有生命的作品，往往只是十之一二。那是在某种特定情景、特定情绪下的“妙手偶得之”。当下那些以商业性赢利为目的，像生产流水线上炮制出来的粗制滥造之作，岂能与之同日而语。

感悟生活的独特性才是避免一般化的前提，也才能避免将生活现象做观念化的表现。对生活的独特感受改变了传统绘画的构思经验和语言手段。版画《道路的性格》，让人耳目一新而又留下充分的想象空间。我想，把《道路的性格》作为一段历史的见证，作为冯霞人生历程的一个标志，为中国美术馆收藏，乃是实至名归。

“猢狲骨碌碌”的妙手偶得

冯霞说：“吴殿军、林凡、朱焰，他们可不是一般的人，因为下放到美术工厂，我们才有机会接触上。”

冯霞说：“我后来所走的这条画画之路，也跟太钢当年的氛围有很大关系。唐达成在太钢，带出了你们一大批文人。我们当年的美术组和你们创作组处得很好，很受影响。文学是各门艺术的‘大姐姐’嘛。不知你还记得不？那年，要参加一个省里的美展，李富生画了一个老师傅带了一个女徒弟，在车床上教她车零件。起题目可费了一番踌躇。什么《接班人》呀，《师徒情》呀，《心红苗正》呀。人家唐达成看了，帮他起了个名，叫《走正第一刀》。好深刻！也寓意做人要走正第一步。真是有文学内涵。唐达成给李富生的画起题目，一下子就启发了我。这就跳出了当年的旧题材，变成了对人生意义的思考。我后来给画起题目，总要狠下一番功夫，画龙点睛嘛。”

唐达成对我说过，凡·高的一幅名画就叫《第一步》。画面上的母亲舍不得撒手，生怕孩子摔跟头。而父亲张开臂膀，让刚刚学步的儿

十八盘　版画　69cm×33cm

子，摇摇晃晃地走向自己。唐达成说：“人生怎样迈出第一步非常重要。”当年，我还据此写出小说《拜师》。

近年来被推选为山西省美术家协会副主席的孟旭耀，也是从太钢走出去的一位画家，曾与冯霞朝夕相处二十年。他说：“在山西境内众多的大型国有企业里，都有不少的书画家，为企业文化做出了贡献。然而，唯有太钢的书画家们的作品，能从企业文化的囿框中，走出太钢，走出山西，走向全国。在全国的大型美展中屡屡展出、获奖。这主要是冯霞的美术作品在全国美展中屡获大奖，为太钢的画家们做出了榜样，‘榜样的力量是无穷的’，为工人的画也可登堂入室提供了自信。于是太钢的画家们纷纷搞起了美术创作，也搞出了成就。再一点就是冯霞在主持太钢美协的工作时，太钢的美术界风气很正。在画家们的创作中，看到了问题，冯霞就会及时指出，甚至拿起笔来修改，久而久之，我们也给他提出意见，也可以动手修改。画到妙处，我们俩甚至会合作创作。这种氛围下，太钢画家的进步显而易见，这种学风在专业画院中不多见。其他画家站在你的面前，只是客客气气地恭维几句‘好好好’，言不由衷。真怀念与冯师傅在一起作画的日子。”

孟旭耀还对冯霞做出这样的评价：“冯霞的脑子灵，知识面广，他总能从现实中寻找到时代的敏感点，画出能引起人们共鸣的画。这种‘主题先行’的思维，现时已经不再为画家重视，人们更注重追求技巧。冯霞当年画过一幅《十八盘》的山水画，表现的是‘世上无难事，只要肯登攀’的思想。我说，你的思想跟得够紧。他戏谑地说，文艺方针，党中央调整我调整。冯霞的创作思路总是能跟上时代的步伐。按现在的说法就是，冯霞能够与时俱进，弘扬正能量，奏响主旋律。”

冯霞是1944年生人，属猴的。唐达成当年用上海方言“猢狲骨碌碌”形象地比喻他。冯霞也开玩笑说自己就是虎性与猴性的完美结合，只有炼成火眼金睛，只有练就七十二变，才能应对八十一难。

绘画的表现三要素是构图、线条、色彩，冯霞常有灵感突现。

20世纪80年代，张艺谋还是一个摄影师时，《黄土地》《红高粱》等影片就大胆地以画面上的大自然色彩倾倒了整个影视界。冯霞笔下的《黄土襟怀》，与张艺谋的摄影镜头有着异曲同工之妙。冯霞巧妙地以大地的三原色红、黄、蓝构成了《在丰收的原野上》。

冯霞为画题款：

> 红高粱，黄土地，兰花花，三原色在高原上构成。这里，是我的家乡，山高土厚。
>
> 家乡的土，染成了黄河，捏成了陶器，铸成了铜鼎，锻成了铁犁，熬成了火药，化成了泥浆。家乡的土，埋藏着五千年文明。如果把家乡的土写出来是历史，唱出来是诗歌，酿出来是爱情，染出来便是画卷。于是我想染出爷爷的山脊、孙儿的虎头鞋、父亲的社火、母亲的纺车，还有情人的花兜肚、妻子的炊烟……
>
> 呵，家乡的土，好厚，好厚。

平涂的、薄薄的表面没有了，情感上的冷漠不见了，几千年来传统的技法也变得面目全非了。这些画面上，充满着光、空气和颤动的

三原色　国画　162cm×120cm

生命。冯霞运用色彩真够大胆，画面上的明亮、空灵和浓墨重彩，对人的视觉神经产生如此强烈的冲击。他的笔法独特，无所顾忌。每一笔都清晰可见，每一笔都让人感到似曾相识却又恍若梦幻。一大团一大团鲜艳夺目的颜色使画面显得厚重、深沉，而且富有起伏感。我几乎可以感受到冯霞在作画时的激情。

冯霞把三原色没有逐步过渡地排列起来，对许多细节干脆不去描绘，也不把色彩、线条、光和影处理得边缘分明，而感觉是颤动着的，仿佛是相互渗透的，正像眼睛在自然界所看到的那种颤动的样子。冯霞使他的画面上充满了空气！正是这有生命的、流动的、充实的空气对画面中的物体起到作用。在学院派看来，空气是不存在的，它是一块空白的空间，他们只是把僵死的、固定的物体放到这个空间里。

冯霞是通过存在于这震颤的液体中的各种数不清的力来看事物的。绘画再也不是原来的样子，照相机和学院派会制造精确的复制品，画家们则要按照他们自己的性情，透过他们作画时所置身其内的、被太阳照亮的空气去观察一切。

山水画大师郭熙有言："山形面面看，山形步步移。"山水的景色是会随着观察者视角的变化而呈现出千姿百态。冯霞的山水画总会独具视角、别开生面，给人以豁然开朗的感觉。

冯霞还画过一组四季屏：《铁犁开春》《紫燕孵夏》《金风醉秋》和《雪赋三冬》。

《铁犁开春》题款：

牛蹄踩出了春天的深浅，铁犁惊蛰了冬眠的大地。土中生白玉，地内出黄金，一句神话，使农夫在这片温馨的土地上，灌溉着汗水，耕耘着梦想，日出日落，祖祖辈辈，上下五千年……

《紫燕孵夏》题款：

小燕子孵出了夏天，青苗梳理着阳光，几场好雨，染翠了青苗，染绿了大地，染出了农家的本色，填充着秋天的分量。十年九旱的黄土高原，染成了浓墨重彩的青绿山水。

《金风醉秋》题款：

八月中秋，金风酿酒，醉红了枣林，醉红了高粱，醉红了大地，醉红了人。走进青纱帐，便有了醉意，忘了羞，壮了胆，敢放开嗓子地唱；敢敞开怀地爱！上下五千年，青纱帐中，唱出了多少风、雅、颂，飞出了多少关关雎鸠。

《雪赋三冬》题款：

秦晋高原，我的家乡，几场大雪一染，便又是《沁园春》词意，在纷纷扬扬的雪中，读千里冰封的雄浑，叹万里雪飘的壮观，令人胸怀万里，令人神情飘逸。

秋风飘香　国画　95cm×95cm

令人惊讶的是四幅画的色彩，精髓是色彩。生命是色彩表现的，奇迹是色彩创造的。色彩被赋予了生命。

崇山峻岭是有生命的，它的生命就表现在色彩上。一年四季，二十四节气，崇山峻岭表现出的色彩是不同的。一天子丑寅卯十二个时辰，崇山峻岭的色彩也有着变化。就连同一个暮色苍茫或雨雪雷电，色彩也不相同。色彩的变化向我们展示了大山的生命活动。从悠久的地质史看，更是几十亿年海沉陆隆的沧桑变化，形成了色彩纷呈的地形地貌，如太行山由紫红色石英砂岩层、灰色石灰岩层、黄色泥灰岩层、绿色泥质条带岩、黑色煤炭岩层等，相间掺杂地积淀为不同地质年代的各自独特色彩。人们叹为观止的“丹霞地貌”，像树木的年轮，正是大山生命的呈现。

风是无形的，但在画面上可以感觉到风，从那些树梢、芦苇、旗幅、布帘的晃动中，我们感受到了风的存在。佛家禅语：“不是风动，不是幡动，仁者心动。”你是用心去感受无形。磁力场是无形的，但我们能从磁石使铁的移动中意识到；万有引力是无形的，但是我们能从江湖的潮汐中感受到；宇宙黑洞是无形的，但我们能从速度达每秒三十万公里的光线也无法逃逸的现象中领悟到。

冯霞师法自然，“发现”了色彩斑斓中的生命。他自鸣得意，他夸夸其谈，你有时觉得他有些孤芳自赏、敝帚自珍。其实你还是没有看明白他内心的激情，是某种豁然激动着他的心，他陶醉在自己“发现”的惊喜痴狂中。

马奈是最早打破传统的棕褐色调，使画面明亮、有外光新鲜感的画家。冯霞“与时俱进”，在《钢花怒放》的画面上，把颜料里掺入荧光色，在总体的暗调子中，突出几块明亮鲜艳的色彩，使之更加耀眼夺目。别出心裁地表现着时代“红光亮”的主旋律。谁能在画面上表现出热浪？冯霞在工厂题材的画面上，让人看到了这种尝试的印痕。

冯霞的《炉台采风》，不是拘泥地表现生活画面，而是从美学的角度，把弯曲的吹氧管、状如八尺长矛的钢钎等车间里司空见惯的生产工具进行了专业性的构图。冯霞的构图，从不局囿于僵硬枯槁的程式中，总要别开生面地寻求创新变化。云蒸霞蔚呈现错综变化，令人目不暇接，叹为观止。他善于在构图的纵横、虚实、疏密、藏露、开合、争让、阴阳、向背、大小、方圆、长短等矛盾对立之中去经营画面。

冯霞的《小当家》又一反以往的思路，画了一个鸡雏欲挣脱牢笼的情景……

冯霞一直在孜孜不倦地做着自己的探索，也许并不能件件成功，但谁能嘲笑第一个吃螃蟹人的大胆尝试？大自然是最伟大的造物主，它在漫长的进化过程中，还粗制滥造了那么多诸如不是翅膀的翅膀（蝙蝠），不叫嘴的嘴（鸭嘴兽），手不手脚不脚的爪子（四不象）等等。换言之，这是生物进化过程中的必由之路。可贵的是永不止息的探索精神，而不是轻车熟路地重复自己，或者吃别人嚼过的馒头，拾人牙慧。

时代感成就了冯霞的深度，时代盛行的“主题先行”也成了囿制冯霞的阻碍。

炉台采风之一　版画　69cm × 30cm

炉台采风之二　版画　63cm × 30cm

炉台采风之三　版画　63cm × 30cm

裁　版画　63cm × 30cm

业余画家的专业追求

冯霞是一个业余画家，由于没有师承，不受门派制约，所以也没有专业绘画分野。对多种绘画形式都有过尝试。油画，版画，中国画的工笔、写意、山水、人物，都有涉猎。最能说明问题的是，冯霞笔下的各画种，皆能脱颖而出入选国展或结集成书出版发行。冯霞一向说自己是“业余画家”，说自己没有进过专业学院，在技法上与学院派相比有差距。但我总觉得这个词并非贬义。当下中国画家的知识结构越来越单一化，越来越职业化了。也就是说，当下有相当多的画家把绘画当作一门技术、一门手艺了。在过度追求技巧而忽略文化修养的情形下，路越来越窄，把自己变成了一个画匠。

对于绘画艺术，我是个门外汉，但艺术门类大概都是相通的。在世界文学史上，哪个大家不是在多方面都卓有建树？以评论成名的莫洛亚，他的小说《中途换乘飞机的时候》写得同样精彩；他的传记《从普鲁斯特到萨特》系列中，写了普鲁斯特、纪德、罗曼·罗兰、波伏娃、萨特等十几位作家，让我们看到一种既有小说笔法的生动，又有学者严谨考证的新手法。以小说名世的茨威格，他写巴尔扎克、狄更斯、陀思妥耶夫斯基的《三大师》，写荷尔德林、克莱斯特、尼采的《与魔鬼做斗争》，写几朝红、不倒翁约瑟夫·富歇的《一个政治性人物的肖像》，写法国大革命时期路易十六及其皇后玛丽的《断头王后》等传记系列，也让人拍案叫绝；他的散文随笔《人类星光灿烂时》，写出对人物命运起决定性作用的“千钧一瞬”，也为人津津乐道而经久不衰。茨威格还有众多对诸位文化艺术大师的评论，如评福楼拜、卢梭、司汤达、勃兰兑斯、歌德、拜伦、弗洛伊德、乔伊斯、托斯卡尼尼等，更见茨威格对创作规律的深刻洞悉。正是多种文体的相互借鉴，使得茨威格成为别具一格的大师级作家。契诃夫的小说和戏剧成为双璧，萨特更是把文史哲熔于一炉。多种文体的相互借鉴，避免了“近亲繁殖”，现代史上在边缘学科的突破已是屡见不鲜。

近年来，作家学者化，作家向学者转型，越来越成为文化圈人们热议的话题。为什么共和国六十年的创作实践，只见把巴金、茅盾、郭沫若越写越萎缩，直写到“江郎才尽”，而不见写出一个陈寅恪、钱锺书、沈从文那种作家学者结合型的大家。近亲的结缘，知识的贫瘠，使得我们这摊文学之水，越写越浅、圈子越缩越小，作家走向了一条“自我封闭”的不归之路。

冯霞的创作也并非“闭门造车”，并非使自己的创作成为无源之水、无本之木。从他的笔踪墨迹里，我能感受到他对传统笔意的借鉴和融会贯通，我能读到他领悟八大山人神玄虚渺的笔意，能体味到青藤道人的激情。他的画，有着任伯年的神韵，内蕴“吴派”画的强悍，“齐派”画的亲切，乃至潘天寿的奇崛、李苦禅的苍劲、王雪涛

大厦　版画　70cm × 37cm

的妩媚。对传统绘画的汲取和研究，对多种流派的兼收并蓄，使冯霞既得传统笔墨之精髓，又开阔了眼界，修养不断积累，认识迅速提高。认识的提高又进一步挖掘了他的潜力，开启了他的灵性。博采众家之长使得他脱胎换骨脱颖而出。

深加琢磨，冯霞的画似乎既有齐白石的清，也有李苦禅的雄；既有八大山人的逸，也有徐渭的肆；既有任伯年的巧，也有吴昌硕的拙；但又似乎都不像。

汪伊虹在谈自己绘画的体验时说过这样一番话："在画上所做的就是做到不是。学传统，只是为了不是传统，而不学就不可能不是，因为当你不是真正知道它，怎么可能知道如何去不是。""当画的什么不是什么了，才是用艺术去表现的真的那一个，只有我不是我了，才是真我。"可见冯霞是真正得了汪伊虹之"真传"。

无师自通的冯霞的绘画，一直处于"不定型"状态，直到如今古稀年龄仍在信天游似的做着无止无休的探索。或人物，或山水，或花鸟，或走兽。围棋的最高技巧就是"不急于定型"，为的是保留变化。冯霞这种带有不确定性的绘画经历，我认为恰恰成为他独有的珍贵财富。这是其他画家无以取代、无法复制的。出于这一前提考量，也许冯霞的没有走学院体求学的路子，一直处于"业余状态"，倒成为一种歪打正着、因祸得福。

可谓是："有心栽花花不开，无意插柳柳成荫。"

在先辈望而止步处继续前行

《道路的性格》也许成为一个象征。冯霞一直在“路漫漫，其修远兮，吾将上下而求索”。

冯霞对我说过这样一件事：“1974年，我已经到太钢展览馆工作了。我对孔子一向有好感，孔夫子吗，有学问。我看的书多，有一出戏叫《桑园会》，说的是孔子游说诸国不成，恓惶地回到家乡。他路过一桑园，见有一美貌妇人正在采桑，便上去试探、调戏。不料这女子正是孔子之妻，突然遭到无名羞辱，又羞又恼，跑回家中向婆母哭诉。孔子回到家后，妻子一见桑园遇到的无赖正是夫君，便不依了。孔母让孔子下跪向妻子赔罪。孔子说，男儿膝下有黄金，哪有低头拜妇人。却被母亲打得跪下……”

我疑惑地问：“这不是《秋胡戏妻》剧中的内容?”

这出几乎家喻户晓的名剧中，有这样的戏词：

秋胡唱:你好比皓月空明亮;你好比黄金土内藏;你好比鲜花无

斗方山水　国画　68cm×68cm

人赏。卑人好比那采花郎，桑园之内无人往，学一个织女配牛郎。罗敷怒斥：休得胡说！唱：客官说话欠思量，胡言乱语发癫狂。自与儿夫分别往，谨守闺门我奉高堂。此后，罗敷跑回家中向婆婆告状：离了桑园心惊怕，见了婆婆说根芽。一马来在桑园下，胡言乱语把话搭。三番两次来戏耍！谨守妇德岂从他！后来秋胡回到家，罗敷认出在桑园轻薄之人竟然就是郎君，愤愤地唱道：狂徒一马把桑园进，他把我当作下贱人。不想回家把孝尽，反在那桑园献一锭马蹄金。……我与你有什么夫妻情分？谁认你狼心狗肺的人！

我不知道冯霞为什么会张冠李戴，把秋胡认作是孔子。

冯霞说："我不知你琢磨过没有，为什么把这个轻薄子称作'秋胡'？孔母称孔子为'丘乎，丘乎'。汉代之后，罢黜百家，独尊儒术。为尊者讳，为长者讳。所以隐去了真名，予以假托。孔子的这出戏，与柳下跖的故事能连上。孔子向母亲哭诉：我十二年来在朝为官，外国进贡来珊瑚帐，柳盗跖一马抢上山。我在君王面前夸海口，劝说盗跖带宝归。柳盗跖不念乡亲面，将我连人带马赶下山。儿无有脸面回朝去，高堂探母回家园。儿这里说来娘那里算，连来带去十二年……俗话说，兵当三年，见了母猪赛貂蝉。那是人的一种生理需求。孔圣人也不能例外。"说着，冯霞哈哈大笑，还做了一个意味深长的鬼脸。

我问冯霞："你看的是野史？"

冯霞说："《庄子·盗跖》篇就有记载。"

我真为冯霞读书的广而博并且能够做出这类蒙太奇的联想而拍案

叫绝了。

冯霞还给我说过这样一个他读书求解的情节：

“我早就想给《诗经》插图，古典名著吗，大部头。要插图，就首先要把它弄懂，我就到新华书店去，把能买到的所有版本都买下。有一首《野有死麕》，其中有‘野有死麕，白茅包之’，野地死了一只香獐子，用一种开白花的茅草捆着。这句好理解，可接下来是‘有女怀春，吉士诱之’。我也知道《诗经》的赋比兴，可是像‘关关雎鸠，在河之洲，窈窕淑女，君子好逑’，这个很好明白，赋比兴好理解。‘关关雎鸠’就是叫春的意思。可是这首有个‘死麕’，和‘少女怀春’怎么就联系到了一起？弄不明白。过去，《辞源》呀什么，传统的经典的解释是，春，望文生义，春心荡漾呀，少女怀春呀之类，我总心存疑虑，觉得哪儿有些不对劲。”

《野有死麕》原文：

> 野有死麕，白茅包之。有女怀春，吉士诱之。
>
> 林有朴樕，野有死鹿。白茅纯束，有女如玉。
>
> 舒而脱脱兮！无感我帨兮！无使尨也吠！

有一种解释，把《野有死麕》认为是“一首纯真的情歌，一首在荒烟蔓草的年代，人类纯真性情的流淌之爱歌”。

“野有死麕，白茅包之。有女怀春，吉士诱之”，前两句是起兴，即用白茅草把死麕包起来，表示珍惜，兴起下文“有女如玉”，表示要好好爱惜。《易经》有言“老夫得其女妻。老妇得其士夫”；《国

太公在此　国画　100cm×96cm

语》也曰“罢士无伍，罢女无家”；《列子》也记载“思士不妻而感，思女不夫而孕”；《荀子》说得更为明确，“妇人莫不顾得以为夫，处女莫不顾得以为士”。古时女子未嫁称女，男子未娶称士，吉为美、善之意。“吉士”为英勇的男子，与下文的“有女如玉”相对。怀春，比喻女子已到了适婚的年龄，渴望女大当嫁。一个英勇的男子在野外用白茅把杀死的麕包起来，送给自己喜欢的女子，向她求婚。描述的是乡村普通男女淳朴的爱情。“野有死麕”说明男子的职业可能是猎人。把猎物包起来送给自己喜欢的人，符合他们的生活习性。清人王先谦说：“诗人览物起兴，言虽野外之死麕，欲取而归，亦必用白茅裹之，稍示郑重之意。”

“林有朴樕，野有死鹿。白茅纯束，有女如玉”，这两句是理解全诗的关键。“朴樕”指一种有心的小木条，可燃烧。“有女如玉”形容女子正处二八年华、洁白无瑕。用白茅把朴樕这种小木和死鹿包起来，送给洁白无瑕的女子，代表家庭生活的开始，即吉士向女子求婚。王先谦说：“言林有朴樕，仅供樵薪之需，野有死鹿，亦非贵重之物，然我取以归，亦须以白茅总聚而束之，防其坠失。今有女如无瑕之玉，顾不思自爱乎？”就是说，即使是鹿肉这样不是很贵重的东西也要用白茅包起来，何况是一个像无瑕的美玉一样的女子。

“舒而脱脱兮，无感我帨兮，无使尨也吠！”吉士希望能和女子早行夫妇之礼，于是有些动手动脚的举止。女子则比较理性，考虑比较节制，希望男子不要着急，有些君子风度，不要鲁莽地掀动她的佩巾，不要惊动她家里的狗。诗句展示的是一幅青年男女恋爱的画面，反映了西周社会淳朴的人情世态。表达女子希望男子不要急于求成，择日到女子家提亲，明媒正娶，而不是草率地野外媾和。

《野有死麕》创作于西周初期，封建制度尚未确立，男女之间并无“礼”之大防，民风淳朴，男女率性而为。这首诗实际上是一首青年男女约会的情诗，体现了西周社会青年男女朴素自然的爱情。

还有一种说法，认为《野有死麕》是女子反抗轻薄无礼之诗。

汉代《毛诗序》首先提出：“野有死麕，恶无礼也。天下大乱，强暴相陵，遂成淫风。被文王之化，虽当乱世，犹恶无礼也。”汉代的统治者把诗当作政治伦理教材，为统治者教化人民服务，因此《毛诗序》对《诗经》的阐释是一种政治教化。王先谦在《诗三家义集疏》中说：“韩说曰：‘平王东迁，诸侯侮法男女失官昏之礼，《野麕》之刺兴焉’。”隐晦地指出这首诗是讽刺东周诸侯国的淫乱失礼。而东汉郑玄《毛诗传笺》对“无礼”做了更明确的解说：“无礼者，为不由媒妁，雁币不至，劫胁以成婚。谓纣之世。”意思是这首诗描述的是召南之地一位女子对一位男子无礼粗鲁行为的抵抗，从而体现出召南之地受到了文王的教化。宋欧阳修在《诗本义》中说：“纣时男女淫奔以成风俗，唯周人被文王之化者能知廉耻，而恶其无礼，故见其男女之相诱而淫乱者，恶之曰：‘彼野有死麕之肉，汝尚可以食之，故爱惜而包以白茅之洁，不使为物所污，奈何彼女怀春，吉士遂诱而污以非礼？吉士犹然，强暴之男可知矣。其次言朴樕之木犹可用以为薪，死鹿犹束以白茅而不污，二物微贱者犹然，况有女而如玉乎？岂不可惜而以非礼污之？其卒章遂道其淫奔之状曰：汝无疾走，无动我佩，无惊我狗吠。彼奔未必能动我佩，盖恶而远却之之辞。’”欧阳修反对以礼解诗，大胆怀疑，指出该诗描写了男女间淫邪的行为，有违大道。后来朱熹以及他的弟子王柏和一些之后的学者，也持这种道学观点。

总之，《先秦诗鉴赏辞典》《诗经注析》《毛诗序》《毛诗传笺》《诗本义》《诗三家义集疏》等先人典籍，众口一词众言烁金，都把《野有死麕》认定是反映了男女之情。

在前人望而止步似有定论的地方，冯霞开始了自己独特的思索。

冯霞说："我不满意一些固有的诠释，就查《说文解字》。'舂'，推也，推的意思。舂，这里说是推也，这就通了，有个死麕，毛毛草捆着了，少女看看它是活着还是死去，'舂'是推拒的意思，这就通了……"

冯霞要在古人的定论中提出质疑，用一个"推"字，赋予了"舂"全新的视角。

冯霞认为：《野有死麕》恐怕是假借"爱情"之名，而隐喻着高人逸士抱璞怀贞，不肯出而用世，故托言以谢当世求才之贤也。这样的例子在古诗中屡见不鲜。最为著名的就是李商隐那些"无题诗"，假借爱情的名义，抒发着自己对官场的险恶无情既放不下又提不起的复杂内心矛盾。

"林有朴樕，野有死鹿"，"白茅"则"纯束"也，谁为其包之？"有女如玉"，质本无瑕守身如玉，谁又能玷污之？吉士纵欲诱我，我视官场如陷阱如沼泽，岂愿"生而曳尾于涂中乎？"《庄子·秋水》篇中有一个情节，惠施在梁国当了相国，庄子前去见他。有人在惠施面前挑拨说："庄子前来梁国，是意欲取而代之。"弄得惠施十分紧张，在国内大搜了三天三夜。庄子去见了惠施，给他讲了个凤凰的故事：凤凰从南海飞往北海，不是梧桐不栖息，不是楝果不取食，不是甘泉不汲饮。有一只猫头鹰找到了一只腐烂的老鼠，恰好凤凰从它的头上飞过，猫头鹰紧张起来，仰起头向凤凰发出了“哧哧”的威胁声。这个情节演绎出李商隐著名诗句：“不知腐鼠成滋味，猜意鹓雏竟未休”。《野有死麕》大概正是假少女拒绝诱惑，点明了隐士的“洁身自好”品格。

对任何作品的解读，其实反映出的恰是读者自己的思维逻辑。从冯霞对《诗经》中《野有死麕》的诠释，使我得以一窥他的内心活动。

《诗经》中诸多诗的真实含义，几千年来仁者见仁智者见智各有解读。其诗意深邃且婉转，使后世的读者生出诸多歧义。我无意去深究冯霞之说是否符合《诗经》原意，我只是敬重冯霞不愿人云亦云满足于前人的附会曲解，而总在寻求一个新的突破视角的孜孜不倦的精神。

说到《诗经》，冯霞还向我讲过这样一件趣事：

“有一个例证当然不够，刘刚说，你找找《尔雅》哇，这里就弄出个笑话。太原不是有个著名的尔雅书店吗，我就去了。书店的女娃娃们挺客气：先生，买什么书？我说，买《尔雅》。这就是‘尔雅’呀。我再说一遍，我要买《尔雅》。先生，你可逗了，要买我们书店？她们显然是没有听懂，跟她们一时半会儿也说不清楚，我就问，你们经理在不在？出来个负责人模样的，听我说了，跟姑娘们说，这位先生说的《尔雅》是本书。咱们这个书店就是根据这本书起的名字。结果，尔雅书店没《尔雅》，就是整个太原的书店也没有找出本

山高水长　国画　138cm×35cm

《尔雅》来。后来就搁下了，这个插图的事就没能弄成。就跟咱们现在要查“粉丝”，那就是粉条做下的。就是当前的流行语，就已经解释不通了，何况隔了几千年，更是弄不清了。我当时题目也有了，叫‘还我春色’。实在是资料不全，有待进一步考证。”

对所读文学作品的蕴涵，打破砂锅问到底的精神，构成了一个人创作思维的新意。探寻文学内涵，一直是冯霞的追求。在一次虎年的全国楹联大赛上，冯霞以画家的专长，竟然获得一等奖。他所撰楹联是：“铁牛遍神州，破冰犁雪开大地；金虎啸乾坤，生风化雨响春雷。”“秦岭秋雨和雪下，黄河春水带冰泥。”从冯霞嘴里，时有趣联妙联脱口而出，显示着他的文学修养。

“八大金刚”与“美猴王”

20世纪七八十年代，随着“精神文明”“物质文明”两手一起抓的提出，企业在大力发展生产的同时，也都在大搞自身的“企业文化”。那时，我还在太钢工人创作组，记得那时提出过一个口号，叫“创作也是生产力”。太钢对企业文化的扶持，真可以说是既舍得下力气也舍得下本钱。那个时期，可能是我们这些在企业的工人文艺工作者的“火红的岁月”，也是“激情的年代”。

正是在这一大背景下，冯霞在太钢如鱼得水、游刃有余。

那时候，提起太钢的美术阵容，在太原市乃至山西省，也是响当当的。

每年五一广场组织劳动节、国庆节等大型节日游行，第一辆彩车一定是太钢的。每次省市搞美展，只要听说太钢动起来了，那展览举办方就放心了。太钢在绘画方面人才济济：于进、尹国兴、刘世春、宋景玉、宋伟、李秀福、陈守智、石双文，人称“八大金刚”。而在这帮人里，冯霞无疑是领军人物。因为冯霞是属猴的，我与唐达成就美誉其是花果山的“美猴王”。

1974年，太钢逐步从“文革”的乱象中开始恢复生产，“太钢工业学大庆展览馆”应运而生。当年，我们太钢工人创作组在十号楼，展览馆美术组在九号楼。我们毗邻而居，所以有了极频繁的往来。

20世纪80年代初，还没有电脑动画、数码摄影等技术平台的支撑，介绍企业的规划、创新的产品、企业的风貌等，都要靠美工一笔一画绘制。有一次，中央领导到太钢来考察，目的是调研，确定像太钢这样的老旧企业，下一步是兼并重组还是干脆下马。在这次考察中，冯霞所领军的展览馆立下了大功。他们用自己的一支生花妙笔，把太钢的实际情况，搞得图文并茂形象生动，给中央领导留下了深刻印象。正是这次考察，使中央知道了太钢不仅不是一个要调整下马的落后企业，反而是亟待国家扶持的特种钢重要基地。

展览馆的美工们，为太钢注入了生命的活力。

太钢记载下冯霞为企业所做出的贡献：

1989年，中国工业四十年成就展示会，由冯霞设计制作获得了国家级制作奖；

1990年，中国钢铁工业四十年成就展览会，冯霞设计并获国家级版面、制作综合一等奖；

1995年，冯霞为“第二届工业企业技术进步成就展览会”设计的不锈钢雕塑《硕果》，获国家级最佳设计奖；

2008年，冯霞已经退休十年了，北京奥运火炬在太钢传递，太钢工会仍请冯霞回去设计传递火炬的火车头……

芭蕉美女图　国画　138cm×35cm

金色秋风　国画　268cm×150cm

太钢的历任领导，都认为冯霞是不可多得的人才，这些也构成冯霞在太钢十分“吃香”的“潜台词”。

王爱忠与冯霞在太钢多年一起共事，他讲述了这样一个小故事：展览馆的正式领导是李秀福，而真正的灵魂却是冯霞。每次搞展览找公司领导批经费，李秀福都有些怵，总要拉上冯霞一起去。一为壮胆，二也是认为冯霞一张嘴会说，领导买他的账。冯霞在多大的领导面前也是那股“混不吝”的劲儿，推门就进，张嘴就说。不像其他人，在平时，那也是巧舌如簧，说起来一口能吐出十八瓣莲花。可一见领导，马上像嘴里灌了胶，张口结舌语无伦次。而公司领导真也格外买冯霞的账，几乎对他有求必应格外迁就。王爱忠说：“有一次，领导一高兴，大笔一挥，一个展览的经费就批了十万。十万呀，那时候可是笔大钱，也只有太钢有这样的气派。”

孟旭耀也向我讲述了冯霞这样一个故事：有一次给展览馆订展架，这种展架只有广州有。订完后，冯霞说：“咱们还没有坐过飞机呢，坐一坐，从天上掉下来也死得不冤。”“坐飞机？人家处级干部才能坐飞机哩，其他人哪能说坐就坐。”我说回去恐怕不好报销。冯霞说，又不用你去报。回来后，冯霞去财务上报了。报销回来，他不无得意地向我炫耀：“我说啥了？有我在呢。工会不买我的账，我就直接去找孟立正副总经理，说：‘求你给我写个字。’孟经理说：‘嘿，你这画家不是难为我，我能写了个字？’他以为我是让领导题字哩。我说：‘孟经理，这个字好写。’说着就把报销的单子拿了出来。他一看是批条子报销，笑了，说：‘嗯，这个字好写，这个字好写。没坐过飞机？’‘没啦。’‘好，坐坐哇，坐坐哇。’”

当年在冯霞手下一起“混”的小哥儿们，王爱忠呀、侯琪呀、孟旭耀呀，一个个都跳出太钢，靠自己的努力，打拼出一方属于自己的天地。

太钢毕竟是个企业，在时兴搞企业文化时，也曾风生水起。然而随着向现代化企业的转型，越来越剥离出其小社会功能，曾经的辉煌也“无可奈何花落去”了。人们评价起一直固守着太钢的冯霞，用了他自己题款中的一个词“鹅池水浅”。成也萧何败也萧何。太钢既成就了冯霞，也耽搁了冯霞。得便宜处失便宜，生活中无处不在的“芝诺悖论”。

王爱忠说：“冯霞真是可惜了。他还是舍不得眼前的那点小利，有些小农意识。”

王爱忠还说：“我当年从太钢出来的时候，好些朋友劝我，你可想好了，一到文化单位，工资少了一大截，还不像太钢这样的大企业稳定。你不能瞻前顾后，这也舍不得，那也舍不得，舍不得孩子套不住狼。”

应该说，太钢待冯霞不薄：

1985年4月24日，太钢美术协会成立，冯霞当选为第一任主席；

1986年、1987年冯霞脱产学习二年期间，工会主席王坚对他说，美协主席的位置给你留着，你回来还是你的；

1990年太钢美术协会换届，冯霞连任第二届主席；

1998年，太钢书画院成立，冯霞出任第一任院长。

柳暗花明又一村　国画　210cm×100cm

王爱忠说，机构改革展览馆撤销，书画院是太钢公司领导因人设岗，专门为冯霞所设。

冯霞无疑坐稳了太钢美术界的第一把交椅。别人对冯霞误解，认为冯霞离不开太钢是因为“山中无老虎，猴子称大王”。

我也一度觉得，冯霞是有些受到眼界的局限。一生的贫困使冯霞穷怕了，对现状很满意，小富即安，浅尝辄止。一头黄牛二亩地，老婆孩子热炕头。

我问过冯霞：“你为什么一直不愿出来？就这么离不开太钢？”

冯霞向我讲述了他一直没有离开太钢的前因后果：“王景生当年兼任太原市委副书记，他不同意我调入太原画院。只有太原市委书记王绣锦才可以与景生书记商调。我曾在太原实验晋剧团任舞美，我就找著名晋剧艺术家郭彩萍帮我找王绣锦书记说说情。郭彩萍告我，你再找找景生书记，如果景生书记不松口，我再去找王绣锦书记。于是，我回太钢找了几次景生书记，景生书记给工会主席王坚打了电话，要提我当文体部副部长。我并不想当官，只想去画画，又找了景生书记，最后景生书记松了口。

最后，由于工人编制不能调入事业单位，这次调动半途而废。

冯霞说：“太原画院成立，下的第一号调令就是调我，第二个才是汪伊虹。”

冯霞向我讲了几件他在太钢的事：

“我到山大进修的时候，学校组织到西双版纳写生。山西大学美术系教授仝献普问：‘太钢给你拿了多少钱？’我说：‘两千，不够了还要电汇。不够了我就不回去了！’他说：‘你们太钢真叫够意思。’我说：‘咋了？’他是山西大学的教授，一年的写生经费才三百块钱。我西双版纳去了两三次了。太钢每年都让我出去写生两次，春季一次，秋季一次。”

冯霞又说：“我到山西大学上学，两年，全脱产，带工资带福利，哪儿找这样的好事情？我同班的同学们，都不带工资。王爱忠也考上了山大，找了许多关系都不批准，后来申请不带薪，自费去上学，还是不批准。说是，太钢不差钱，你有钱就可以说走就走？人家说，是不给你那时间。我上学期间，从阳曲往学校跑太远，就在学校附近的许西租了房子，学习回来太钢也都给我报销了。”

冯霞还告诉我：“有一次，我带上刘刚、王志刚、孟旭耀他们到华山去写生。上华山不是有缆车嘛，孟旭耀说坐缆车怕回去报不了。我说，坐哇，回去我给你们报。回来找到魏老总（魏忠全，总会计师），报销的时候，只给我报了，但不给他们报。我就对魏总说，他们是不坐，是我让他们坐的。我跟他们说，冯霞这么大个画家，万一有个闪失，他们回来交不了个账，他们是为了保护我。魏总就笑了，哈哈，算了哇，谁用他们操这心。我说，千错万错都是我的错，他们是为了我……魏总笑着，大笔一挥就给报了。”

冯霞还讲过这么一个故事：“有一次，我到北京去看展览。我没有去过泰山，五岳之首嘛，泰山归来不看岳，就想趁机到泰山逛一趟。从北京看完展览，就直接上了泰山。回来后，有人打小报告了，说上北京还能路过泰山？工会主席牛双林知道后，把我叫去，说，从北京回太原，还路过泰山呢？还说，国家的名胜古迹多下了，你还都

黄山　国画　368cm×112cm

想转完？‘旋旋转’哇（就是慢慢陆续转的意思）。批评了一顿，也没有为难我。”

“我临到退休了，太钢不错，还问我有啥要求。我说，祖国的名山大川基本上也都去过了，就是还没去过黄山。黄山回来不看山，画画的，一生不去黄山总是遗憾。退休后单位还让去了一次黄山，都给报销了。”正是此次的黄山之行，成就了冯霞的山水巨幅《黄山大观》。冯霞在画上题款：“泰山归来不看岳，黄山归来不看山。集泰山之雄，华山之险，峨眉之秀，武夷之奇，庐山之云，成黄山之大观。”画面气势恢宏：梦笔生花、猴子观海、玉屏迎客等景观，若隐若现在黄山云雾之中。

冯霞说：“做人总要有感恩的心。太钢待我不薄，再有好的地方要调动，领导说不放，我就不好意思硬走咧。”

冯霞还对我讲了他一直不愿调到文化单位的心理阴影：

“几次运动把我吓怕了，凡是文化单位都不去，觉得还是在大型企业铁饭碗靠得住。好几次领导说，冯霞，你到北宫哇，我不去；你到文化馆哇，我不去；有一次出版社调我，我还是不去。一朝经蛇咬，十年怕井绳。谁知道，1997 年又赶上了职工下岗潮，你看可怜不可怜，把人能弄得这么神经质。”

千金难买自由身

冯霞曾作中国画《桃花源记》题跋：

《桃花源记》所涉人物，皆为好事者。武陵渔人，不务正业，“欲穷其林”不厌其烦，“处处志之”为好事者第一人；桃源中秦人，“见渔人，乃大惊”，不思逐客，反“便要还家，设酒杀鸡”，款待不速之客，为好事者第二人；“渔人话音刚落，武陵太守即遣人随其往”，非赋即税，别有用心，为好事者第三人；南阳高士刘子骥，道听途说，便“欣然规往，寻未果”，为好事者第四人；陶公渊明潜，不采东篱菊，漫侃桃花源，史焉？传焉？令人遐想无限，为好事者第五人；虬髯刀客，与晋世相隔千年，闲读陶诗一笑了之也就罢了，然假丹青，脱桃源于文字，成天然画图，实境？幻境？令人向往不已，为好事者第六人。

《桃花源记》能流芳千古，全凭好事者所为。也许，没有好事者，便没有《桃花源记》。也许，没有好事者，便没有华夏文化。细审，何尝不是。伟哉，好事者。

桃花源记　国画　246cm×96cm

陶渊明的《桃花源记》千古流传。世世代代的文人墨客为陶渊明的人格魅力所感染。据《宋书·陶潜传》和萧统《陶渊明传》记载，陶渊明从二十九岁起开始出仕，一直厌恶官场，向往田园。东晋义熙元年（405年），陶渊明四十一岁时，正在彭泽县令任上。当时郡里一位督邮来彭泽县巡视，上级官员要他整冠束带隆重迎接以示敬意。陶渊明气愤地说："我不愿为五斗米折腰向乡里小儿！"即日挂冠去职，并赋《归去来兮辞》，以明心志。

《桃花源记》让冯霞心驰神往，情有独钟。闲时翻阅，陶冶性情也就罢了，还要"付诸丹青，脱桃源于文字，成天然画图"。冯霞把自己与陶渊明引为"好事者"的同类。

冯霞说："我落笔的每个词，都是经过严密考证的，没有好事者就没有华夏文化。细审，何尝不是。伟哉，好事者！咱们都是属于好事者，要是不好事，关在书斋里头，喝杯清茶，打打麻将，优哉游哉。有追求的，都是好事者作为。"

我理解，冯霞所谓的好事者，就是不甘寂寞、不甘平庸，自己给自己找事干。

冯霞说起过他这样一段经历："那一次太原画院要调我，我找景生书记去了。景生书记说，你不要走了，你今年多大？我说多大多大。景生书记说，你就给咱们负责太钢的画画哇。就是说要提我当文体部副部长，分管太钢的美术、书法、摄影。景生书记很爱惜人才，你不叫人家走，留下就要用吗。景生书记还给工会主席王坚打过招呼，王坚主席跟我谈过话。"

面对景生书记的提携，冯霞不仅没有感恩戴德，而是说："我就不是个当官的料，就喜欢画画，你还是让我画我的画。你要照顾我，就一年给我两次采风的机会，让我到祖国的锦绣山川走走逛逛。”这话倒是冯霞的真心流露。但紧跟着说出的话，就颇不得体了。当年，王景生是太原市委副书记，兼任太钢党委书记。冯霞对王景生说：“不要看你官当得不小，可是一出娘子关，还有个谁认识你是张三李四？而我冯霞，一支笔一张纸，走遍天南地北，天下谁人不识君，都得认我冯霞。我当个画家就自在，自得其乐。你们给我安上个官帽帽，就等于给我带上了紧箍咒。”面对这么个不拘形迹的冯霞，王景生书记只能颇有涵养地笑笑。篆刻家刘刚闻听此事，专门为冯霞戏刻了一枚章：“河东布衣，笑辞七品”。

冯霞是真性情：一支画笔手攥，给个县官不换。

宋代郭若虚对不恋官场而专志于画坛的谢赫极为推崇：“窃观自古奇迹，多是轩冕才贤，岩穴上士，依仁游仁，探颐钩深，高雅之情，一寄于画，人品既已高矣，气韵不得不高；气韵既已高矣，生动不得不至；所谓神之又神而能精焉。”正是因为能摆脱官场庸累，不投身兰台类转蓬，才能心无旁骛用心专一。这倒是正合了“不曾误受秦封号，且喜终为晋逸民”诗句。

当然这只是事情的一方面，从另一方面而言，太钢的景生书记对冯霞可以说是青睐有加甚或还有些娇纵迁就。但有冯霞这样跟景生书记说话的吗？有一次冯霞讲过对官场的感悟：官场不同于文坛，下级在上级面前，总会表现出顺从恭敬，而冯霞在领导面前，一屁股坐在沙发上，翘着个二郎腿还晃着。冯霞顿时感到自己太放肆了。冯霞说，我明白自己就不是个当官的料，根本适应不了官场的“规矩”。

北国　国画　268cm × 150cm

卡夫卡对一位当官的朋友说：你的职位就是你“身的镣铐”。人在官场，身不由己。

卡夫卡又说：“我们巨大无比的贪欲和虚荣，我们的权力意志的罪孽。我们争夺并没有真正价值的价值，结果，我们就漫不经心地毁坏了我们整个人类生活所系的事物。这是丑化我们、杀害我们的迷惘。”

卡夫卡还表达了这样一层意思：你的追求成为你的羞辱，你的欲望成为你的陷阱，名缰利锁成为束缚你身体的铁栅栏。

几十年来，冯霞“野”惯了。“怀良辰以孤往，或植杖而耘耔。登东皋以舒啸，临清流而赋诗。”（陶渊明句）大自然充满生机的色彩韵律，化为灵感，令人欢欣鼓舞，亦令人低回感慨。岁月如流，逝者如斯，心理年龄尚在青春，不知老之将至。“已矣乎！寓形宇内复几时。曷不委心任去留？胡为乎遑遑欲何之。”省察生命之有限，愈觉自由之可贵。

冯霞浪迹名山大川，寄情笔墨纸砚，累积的写生本子，摞起来有几米高，也可谓是另一层含义的“著作等身”。他在《〈重彩河曲〉写生画集序》中写下这样的感触：“河曲，不仅是我国能源基地，同时也是我国美术界的绘画创作基地。河曲，每年春秋之际，全国美术大专院校的莘莘学子像虔诚的信徒，不远万里，从全国各地前来朝拜河曲这片原生态的净土。河曲，熠熠黄土，染成了黄河，也染出了画家的作品，有出息的画家饱蘸河曲土色，画出了多少高原画卷，赢得了多少银牌金牌。河曲，风土人情，山光水色，丰富了画家的素材，启迪着画家的智慧，激发着画家的灵感。画家美化了河曲，河曲成就了画家。”

陶渊明有言：“富贵非吾愿，帝乡不可期。”一般注释帝乡即仙乡，指道教所说神仙世界，或言指佛教所说西方净土。我觉得，陶渊明这里所谓的“帝乡”也可能泛指“官场”。表明了陶渊明的志向：富贵功名非我心愿，走马兰台为五斗米折腰亦无兴趣。他要在自己有限的人生岁月里，求得人生之意义，实现人生之价值。这里又与冯霞对《野有死麕》的解读对上了茬。

冯霞从1971年到太钢工作，曾有几次，工会主席让冯霞以突出贡献的高工身份写申请，批住房。可房子批下来，却不知让哪位女职工住去了，使得冯霞至今在太原无住房。冯霞不以为意一笑了之，住在他阳曲县中社的农家小院，自得其乐。阳曲与太钢相距几十里，那些年交通又不方便，冯霞需要坐火车到太原北站，再步行到太钢展览馆上班。常年疲于奔命却乐此不疲。因为每天到单位就是九点多，展览馆领导为此多次找冯霞谈话，无效，于是向上级反映。冯霞照样是你有千条妙计，我有一定之轨。有一次，文体部长扣了冯霞的奖金，冯霞去找了分管书记。书记打着官腔说，那你以后就注意点嘛，要不别人都学你那样，吊儿郎当，让领导还怎么管理。冯霞敷衍地说，知道了。心中却并不甘休，掉头干脆越级直接找了总经理。冯霞委屈地说，我家住阳曲，不问单位要房子，是不给领导找麻烦。住得那么远，连上在路上的时间，工作时间比谁也不短！活一点没少干！咱们公司在全国工业四十年成就展中获奖的雕塑作品《硕果累累》，就是我回家后连夜设计出来的。讲劳动纪律也要讲劳动效率吧？总经理十分迁就冯霞，对下面放话：特殊人才特殊对待嘛，你不能用一般工人

春雨一川漓江行　国画　356cm×100cm

的劳动纪律来卡他。新任工会主席周新民也十分肯定地宣布：冯霞不能以一般工人对待。

冯霞说："千金难买自由身。"冯霞还说："快活不过自由人。"

冯霞以《文心雕龙·才略第四十七》中的词句为座右铭："以心为师，不拘成法，自有创见，独行己意，任情自用。"冯霞追求的是一种我行我素、桀骜不驯的自由，一种天马行空、独往独来的自由。自由是天性的充分展现，自由是生命的主动释放。

存在主义哲学中的"自由选择"，是在"一定境遇"中的自由选择。萨特把他的戏剧称为"一种境遇剧"，其中蕴含着深意。就是说，人只有在"一定境遇"中，才有选择自我的自由，它是自由选择的前提，也是自由选择的客观条件。

莫洛亚说："存在主义是一种关于自由的哲学，是严肃的、深刻的哲学。""人的意识的作用就是将价值归还给生命：生命唯一的价值便是自由。"

卢梭的《社会契约论》开宗明义地断然宣称："人生而自由，却无往不在枷锁之中"。

萨特说："不管我们做什么，不管处境多么受限制，我们都在选择，不选择的消极状态也是一种选择。"

萨特还说："人只是在创造自己的时候才占有自己，一旦创造了自己，就逃脱了自己。"人是通过选择而实现了自我。

冯霞向我讲过，他四十多岁了，还得"活到老学到老"，去上"成人大学"。

"我的画全国得了奖，太钢还把我评上了劳模。全国有个'自学成才奖’，我也被评上了，还上了《自学成才辞典》。可是我还是个工人，你画得再好，没有学历也不给你评职称。我只能上大学，一有文凭评上职称，就跟工资挂上了，命运就改变了。”

萨特说：“自由来得是那样稀薄。没有人能完全自由。”

冯霞说：“山西大学艺术系美术专业，专门设置了一个成人大专。1985年到1987年，二年制，毕业后给正式文凭。照顾社会上画得好却没有文凭的这批人。它是全国招生，不光是山西省，而是正经八百地通过全国高考。先考专业，考取后参加全国统考，考文化课。不过艺术专业对文化课的分数不是卡得那么高。我的政治不行，可是我的历史、地理是强项，文学是强项，一下就拉起分去了，分数还不低。

“我写了个申请，拣好听的说，为了更好地提高这呀喂（那）呀的，为了太钢多出钢出好钢，重视人才呀，反正最后归结到目的就是为了上大学深造。这是个大事情，就要上会研究。给带着工资，给时间上学，好事都让他冯霞占全了。有人结巴着，不行，不不行，否定之否定，也不知道他是行是不行。刚开完会，就有人给我通风报信，没通过，没通过，你赶快找上头哇。

“工会没有同意，景生书记对我不错，你不能总找人家景生书记吧，我说就找找商经理哇。按说这事不归商经理管，‘工青妇文体卫’是书记管。我知道，所有商经理的批条，从南到北，就没有商量的余地。虽然以前没有打过交道，但我知道商经理重视人才、爱惜人才，对我印象不错。我对商经理说，我想上大学去。商经理连申请书看也没有看，只说，好事情！大笔一挥就批了。他还给王坚主席打电话，告诉他：你不要再跟我要人了，我已经把冯霞批出去了。

“我考到了山大，让老师都有压力了。老师们在社会上，见了我还都称我为老师，我还给他们改过画。有个教国画的老师，搞创作的时候，跑到太钢来叫我给他改画。就这么着，到了学校，他教我们国画，哎，冯师傅，你来了？嘿嘿嘿，老师学生颠倒了个。中国的事情就这么滑稽。中国的教育制度也确实是有问题。

“1972年参加全国美展时，我的《大打矿山之仗》选上了，山大教授们的作品都退回来了。他们学院派，重视技法、重视解剖、重视透视、重视色彩，不重视思想，没有文学性。系主任谢述贤在开学典礼上特别强调，不管你们在社会上多有名气，画得多好，来了这儿，消停地给我当学生。下来后，同学们笑着说，就是指你冯霞了，就是指你冯霞了。嘿嘿嘿嘿……”

在人屋檐下，只得把头低。虽然冯霞为了一纸文凭也只得到学校“屈就”，但他从骨子里流露着对文凭的轻蔑。有一个细节很能说明问题：有一次，于进说到自己没有文凭。冯霞马上回应，这有何难？我明天就给你颁发一个。第二天，冯霞给于进“制作”了一个名校的毕业文凭。以冯霞的绘制技能，看到的人都说，简直能以假乱真。

陈丹青在《退步集》中写道：“文凭是为了混饭，跟艺术没什么关系。单位用人要文凭，因为单位的第一要义是平庸。文凭是平庸的保证，他们绝不会要凡·高。”陈丹青还说：“世界上的重要艺术家都不是研究生学历，也不是本科、美院附中，有的连高中都没上。凡·高就是个病人，毕加索也没有大学文凭。当今中国，需要文凭。”

萨特清醒地看到“本世纪最大的悲剧在于：从无限的自由出发，

最终到达无限的奴役”。

人的命运，大概谁也无法摆脱强大的“万有引力”飞离生于斯长于斯的那块生存的土壤。萨特在《存在主义是一种人道主义》一文中说：“我们是在比较中选择比较好的。”这就有了“两害相权取其轻”的意味。

萨特还说：“选择即自由。这是一个明朗得有点让人伤感的命题。因为我们看到在选择背后，‘个人’支配的意识是如此稀薄。”

萨特曾说过：“人注定是自由的。”但他没有说过，人注定能获得自由。人生活在这个“荒谬”的人世间，除却名缰利锁的羁绊，更要受到意识形态、体制格局的局限。

王爱忠还向我讲了冯霞这样两个故事：

从机械厂调来一个人，在太钢文体部当领导。那人业务不行，偏要飞扬跋扈。外行领导内行，冯霞不买他的账，当面顶得喳喳地：怎么能用管理车间工段的伎俩管理文体部，管理文化人？那人下不来台，说，我领导不了你，把你退回组织部去。冯霞二话没说，第二天就坐到了组织部部长的办公室。对部长说，我来报到了。部长问怎么回事。冯霞说，文体部领导说领导不了我，让我到你这儿来报到。部长一听就火了，把那人叫到办公室，当面训斥了一顿：你领导不了就给我退回来？那我是不是也干脆把你退回机械厂算了！

大家谈创作时，那人也装模作样地混进来夸夸其谈。冯霞让他过来，说你给我挠挠小腿这儿。他问，冯师傅咋了？冯霞说，痒痒！挠完后你回去好好想哇。冯霞是嘲弄他“隔靴搔痒”，说不到点子上。

有一次，冯霞领美术组于进等人到市里观摩。中午肚子饿，推开

黄河祭　国画　108cm×93cm

一家面馆问价，大碗十块，小碗五块。冯霞又问面汤，小伙答，面汤随便喝。冯霞说好咧，给上五碗面汤，说着从左怀掏出一兜饼子，从右怀掏出一袋咸菜，招呼大家：吃吃吃，面汤不够再上。

有一次，山西省话剧团在长风剧场演出新编排的《三上桃峰》，由省话下放来太钢当美工的李祥瑞，想凭面子用“点头票”请冯霞和于进看。结果，机灵的冯霞混进去了，显得土里土气的于进却被收票员卡在门外，死活不让进。冯霞急中生智，朝场外的于进高喊，于师傅，你磨蹭啥呢，眼看都要开演了，你剧场的锅炉还不给烧？收票的一听，马上放行。

公司机关的一同事，在床头贴了张纸，上写两字：克制。冯霞看到了，掏出笔在下面添了两字：不住。把意思反转，笑得大家肚子疼。同事回来看到，想划也划不掉。冯霞是用灌墨汁画速写的笔写的。

冯霞此类小恶作剧的情节俯拾皆是。李秀福是展览馆的头儿，外地给李秀福寄来邀请函，冯霞把人家的名字给“坐了车”，李秀福变成了李透福。冯霞起哄说，弄错了吧？人家邀请的可不是你。展览馆开会学习，冯霞从来不能老老实实地坐着，坐在李秀福的办公桌前，把抽屉下面掏了许多洞。笑着说，漏洞百出，漏洞百出。

冯霞在宣传队画布景，管宣传队队长张运山叫“班主”，一开始人们还没有明白过来，冯霞解释说，宣传队队长，不就是以前戏班子的班主吗。人们才明白了其中含有的轻蔑意味。后来这个宣传队长升任了工会文体部主任、工会副主席，冯霞依旧称他为“班主”，偶尔有时会拖一个长长的尾音“——席”，顿时这个“班主席”就变了味儿……

张运山还回忆了这么一件冯霞逸事：有一次，张运山一到画室，冯霞就嚷嚷着，于进病了，班主你也不去慰问慰问？运山说，走，去他家看看。冯霞上下打量一番，你就这空手去？运山又回工会从财务支了三千元，买了礼品。冯霞说，这还算够意思。到了于进家，冯霞疾步抢上前，高喊：于进于进，是我让班主代表工会前来慰问你！冯霞灵机一动，送了个顺水人情。

冯霞还给于进编过一个段子，说于进严重失眠，不吃药睡不着觉。有一天晚上，竟然没吃药就睡着了。老伴拿着药瓶推于进，老于老于，你忘吃药啦。于进猛醒，急了，都睡着了还吃甚药哩！冯霞创作的这个段子，弄得于进老两口哭笑不得。

后来，市里、省里许多文化单位都欣赏冯霞的业务能力，然而对把他调去又总心存顾虑：调他来谁能领导得了他？冯霞那股子“不喜冠带交”“布衣傲王侯”的桀骜不驯劲，让所有的“顶头上司”都有些“诸葛亮见魏延，见不得还离不得”，头疼而又无可奈何。

萨特曾说过这样的话：“如果我的生活中有什么东西是始终如一的，那就是我从来不愿意正襟危坐地生活。”冯霞的天性，使他常常把政治场上的刻板拘谨解构为谈笑风生。

冯霞说：“有一次，太钢二中的美术老师侯建平，农工民主党党员，大概还是个宣传委员或者组织委员。侯老师说，老冯，你入农工民主党哇？我说，入你的农工民主党有啥好处呢？他说，啊呀，你的入党动机不纯。我说，我的入党动机不纯，我要入就去入执政党了，那好处大了去。你们入个民主党派，不就是为分个房子，评个工资？

哈哈。冯霞遵古训，君子群而不党。”

冯霞常有一些急中生智的小幽默，对人总开这样的玩笑：“全国一开两会，我就心跳得睡不着了，生怕人家一不小心把冯霞给选上了。人们说，选上还不好？别的不说，咱给人家干不了，几晚上睡不好觉。听到新闻公布了，没啦冯霞的名字，这才放下心。”这成了太钢人的一个典故，全国一开两会，人们就调侃说，冯霞又睡不着了。

舀来长江画黄河

冯霞作为太钢美术界的领军人物，担任了两届太钢美协主席，一届画院院长，可以说是“徒子徒孙”四世同堂。从太钢走出去的美术人才，“桃李满三晋”：孟旭耀成为山西省美术家协会副主席、山西中国画学会副会长、水墨视界艺术研究院副院长等。孟旭耀擅长中国画人物，他的《当代愚公李双良》《民族风情四条屏》《芭莎汉子》系列、《美女人物四条屏》及他描绘矿工生活的《阳光·兄弟》《矿工兄弟》《黑哥们》等画幅上的人物，无论少女还是壮汉，一个个都栩栩如生且富有个性特点，被评为“当代最具学术价值与市场潜力的国画家”。王爱忠是山西省政府文史馆馆员、山西美协山水画艺委会常务副会长，曾任太原美协主席、太原美院院长等，2012年在第二次会员大会上又被选为山西省工笔画协会主席。王爱忠擅长山水画，他的《春风送暖图》《白露》《天高云淡》系列、《黄土地》系列、《垣上六月》《阳婆映在圪梁上》等，在中国山水画上颇有创新意味。2011—2014年，连续四年被《中国美术报》评为具有收藏价值的十位画家之一。侯琪是现任太原市美协主席、太原市美院院长，他擅长版画，他的作品《工棚》《白夜》《动脉》等，屡屡在全国及冶金系统的美展上获奖。王志刚接任了冯霞，成为太钢美术界的新领军人物，他擅长书法篆刻，他的《简书手札》系列颇见功力，是出类拔萃的后起之秀，现在是山西省书法家协会副主席。有一个小细节颇见王志刚的聪明才智：他模仿冯霞的话语口气，可说是惟妙惟肖，能达到以假乱真的地步。当冯霞上完大学回到太钢，与新同事见面，一开口说话，大家都说，冯师傅，你说话可真像王志刚老师。弄得冯霞哭笑不得，连连说“本末倒置，本末倒置……”当年太原市的工矿企业“四大家族”：十里钢城的太钢、百里煤海的西山、千里运输线的太铁以及机器制造业的龙头老大太重，谁家能有太钢美术界如此的豪华阵容、如此的辉煌历史？然而，冯霞总是一笑置之，说，画家就不是谁能培养出来的，他可不是机器生产出来的零件。冯霞说他的唯一功绩，就是作为“头”，以自己的创作理念影响了太钢的画家，使太钢画家的眼光，从企业的一域局限，走出太钢，走出娘子关，瞄准全国美展的水平。能向公司领导为大家争取到搞创作的权利，带领大家“游山玩水”，走遍祖国大好河山。冯霞还说：“从太钢走出去的几个画家，像我一样，杂家、业余的，没有师承关系，对甚有兴趣，就画甚。花鸟、山水、人物，油画、版画、中国画，拿起甚来也能画，不受门派约束。”

冯霞与他们名义上似乎有师徒之辈分，然而在一起混得就像是哥们儿弟兄。没大没小，什么玩笑也敢开。

冯霞向我讲述过他给画家朋友们起字号的经历：

图腾　国画　268cm × 112cm

"王志刚搞过个对象，长得挺'切它'（太原土话可爱喜人的意思），小名叫胖胖，长得挺丰满，燕瘦环肥，是杨贵妃式的美女。他俩都是搞文学艺术创作的，郎才女貌情投意合，是一对'天仙配'。可是女方家死活不同意。按说王志刚小伙子长得又高又帅，本人又有才华，还是书记家儿子，家庭也没说的。可女方家就是不同意，一直没搞成。到现在俩人依旧念念不忘。王志刚说，冯师傅，给我起个字号哇。我说，胖轩。他说那哪行？我说，胖轩就是半月轩吗。他疑疑惑惑地说不合适哇？我当下就给他现编：你看，半月，月到半月就圆了，到半月又缺了，月有阴晴圆缺，人有悲欢离合。你品品其中的味道。他想想也觉得挺好，嗯，可以。这名号就这么就叫出来了。后来，王志刚从报纸上看到，有名人的字号，也有叫伴月轩的，做伴的伴。他说，冯师傅，他的'伴月轩'可不如咱的'半月轩'。"

冯霞又说："王爱忠的两个红颜知己，一个叫某某琴，另一个叫某某琴。我就给他起个字号叫双琴庐主。我还给双琴庐主写了篇短文，他挺满意，让王志刚以书法写成，裱糊出来，挂到画室，逢人看时即夸我文采斐然，一时传为佳话。"

冯霞的这段文字是：

双琴庐主王爱忠，深山寻道，尘肆访友，常携双琴为伴，令同道艳美。每每临池，置双琴于砚边。庐主轻描淡写几笔，便落起了款。不是题《觅句》，便是写《垂钓》，草率至极，令人生疑。庐主却说是惜墨。乙卯金秋，山风醉人，庐主邀请草坪居士、后生高立峰等人，进云中山西凌井沟尽搜奇峰。客北国书画院，茶余饭后，庐主弄笔，竟比往日双琴立砚边时，精到十分。此刻，方才解开：琴声可乱丹青是实。

事后，双琴两位女士见到此文，也笑了，点头认可文章调侃得有趣味。

冯霞说："是名士自风流。谁没有几段风流韵事？古今名人起字号，从来不是正经八百地起，总是有调侃色彩的，他们也愿意吗。起了叫不出来也就没意思了。"

冯霞在墨翰之暇，常常为书画家们写些传记小品，虽说其笔法与文学家们不是一个路子，但也足见其文学底蕴。发表于1997年8月8日《太原晚报》上的《散谈漫侃王志刚》即为一例：

隆冬，初雪，远山皆白。

风雪中从山中浸出两滴墨渍。近了，才看出两人抬着一块巨石，蚂蚁搬家似的吃力。此二人，是王志刚与我，由于篆刻之好，王志刚爱石成癖，自山中识得此石，便不顾一切，决意抬出山，抬回城。尽管他家中已是美石如林无法立足了，因为那毕竟是一块叶蜡石啊，如果用它刻成印章，我敢说要比齐燕铭先生的"江山如此多娇"巨印大好几倍。这已是十几年前的事了。眼下，肆中玩古者若能得一方半寸大的叶蜡老石便沾沾自喜了，要与王志刚那块相比，可就轻了许多、小了许多。

砚田，农田。耕耘起来是何等相似乃尔，一般无二。你看，农田里可挖掘出黄金，砚田上书中自有颜如玉；农田里一冬无雪天藏玉，

兰亭　国画　245cm × 97cm

蘭亭

三春有雨地生金,砚田上三年寒窗无人问,一举成名天下扬;写字有蚕不双设、燕不双飞之窍……古今农田、砚田都信一理:天道酬勤。王志刚少年时代,便躬耕砚田,一入此道,便遵循古训,以勤补拙:临刻秦汉三百万,临帖二十年;春种秋收:作品全国展出、跨国展出,书法入藏海外,篆刻入选西泠印社,跻身中国书法家协会会员、山西书法家协会理事……苍天不负有心人。

话说回来,农田中有天旱雨涝不匀、颗粒不收年景,砚田也有寸草不长之时。志刚终日苦思徘徊于砚田,一旦悟通了,农田中勤耕耘不如拙上粪,便触类旁通,砚田中勤写字不如多修养。经林鹏先生点拨:要提高修养,就要多读书。一明此理,王志刚读起书来,一发不可收拾。

今年,北国少雨、暴晒,王志刚冒酷暑去山东孔孟之乡,在中国书协举办的篆刻培训班聆听了当代篆刻大师的玄天经道之侃。结业回并,便闭门谢客,检点自己以往的作品是那样守旧,是那样难堪,印谱烧了,印石磨了,于是他决心割舍春天里错误的初衷,执意要把以往的刀痕在心中磨平,从观念上磨平,说是再不留下劣迹,也就是要把已抽了穗的庄稼犁了重播。这举动是令人担忧的,不仅是你,是我,连他本人也都心里打着鼓。但这位砚田的耕耘者到底还是开犁了,要犁到砚田里的每一片空白,他的信念依旧是耕耘者的话:天不冻,紧得种……我们拭目以待志刚的重播、再耘、收获……

冯霞还向我讲过他与刘刚画钟馗的趣闻逸事:

钟馗嫁妹图　国画　178cm×96cm

刘刚五月端午节要我画钟馗。我画钟馗，必须用佛门米汁，就是和尚念经用的米汤。用佛门米汁调朱砂，染钟馗的红袍子。中午时候，我的钟馗也画得差不多了，刘刚家老婆智秀兰也从崇善寺要回米汤来了，三笔两笔就画好了，然后落款呀，我一边写，一边念念有词：三虚堂主，他叫三虚堂主，刘刚自己起的，他去看病，大夫说他血虚、气虚、肾虚，他就给自己起名为三虚堂主。我是现编现写，我说，三虚堂主，内有贤妻，外有美妾，后来把美妾改成娇妾了，她美不美我说不上来。智秀兰插话，他真有？我说，文章写到这儿了，只能这样写出，随你去理解了。我说，致使三虚。智秀兰又插话，他有没有那本事？我就有出口成章的本事，吃荆条屙笊篱，肚里现编，用不着预先措辞打草稿。为拔邪除祟，堂主夫人晨钟时分，敲开崇善寺山门，讨回佛门米汁，送至草坪。午刻草坪居士，手握椽笔，饱蘸米汁，调和丹砂，染就钟进士朱衣。钟馗中过进士，不能直呼其名，要对他尊敬地称呼。画中米汁与丹砂同香，禅意与道气共存。

冯霞说："我每年画钟馗，都要用佛门米汁。因为扬州八怪之一的金农画钟馗就是用佛门米汁，驱鬼甚灵。"

金农是清代著名画家。字寿门，号冬心，别号很多。原籍浙江仁和（今杭州），久居扬州。平生未曾做官。性好游历，"足迹半天下"。他嗜奇好学，工于诗文书法，诗文古奥奇特，并精于鉴别。书法创扁笔书体，兼有楷、隶体势，时称"漆书"。他收藏的金石文字多至千卷。乾隆元年（1736年），荐举博学鸿词不就。五十三岁后才工画。其画造型奇古，善用淡墨干笔作花卉小品。初画竹，继画马、画佛像，画梅更能独创一格，为“扬州八怪”之一。后继者有款识：“寻梅勿惮行，老年天与健。半树出江楼，一林见山店。对拈冻笔头，未画意先有。”

扬州自隋唐以来即以经济繁荣著称，虽经历代兵祸，到清康乾年间又呈繁荣景象。富商大贾，四方云集，富甲江南，经济的繁荣同时促进了艺术的兴盛，这里产生和吸引了大批的画家。其中最负盛名者为“扬州八怪”，据李玉棻《瓯钵罗室书画目录考》中的“八怪”为金农、黄慎、郑板桥、罗聘、李方膺、李鱓、高翔和汪士慎。此外至少还有五种以上说法，涉及十多位画家，无论哪种说法，金农都在其内，可见其是“八怪”中的核心人物。

张大千于1956年在金农的《墨梅图》上边跋诗云：“元章茂密补之疏，妙笔华光淡欲无。七百年来无继起，画诗书见一癯儒。”前两句论画梅，说元代王冕（字元章）的茂密与宋代杨无咎（字补之）的疏淡；后两句则称赞金农是数百年来能够继起此道的画、诗、书皆长的“癯儒”。

冯霞对金农绝代神交终生向往，自有其内心的潜台词。中国画谓之写，与书法通，无须事先安排，一笔既落，笔笔生发，一气呵成。这种古朴文秀，何尝不是作者性灵的写照！溥心畬为金农画题曰：“无剑拔弩张之势而逸韵自高。”这逸韵是文人画的追求，是画家学养、性灵的体现。

金农于乾隆二十六年（1761年），他七十三岁时画了《钟馗醉酒图》，题款：“吾闻善酿者，有国藏贮者，有城沉湎者，有乡此中天地彼蚩蚩者，胡为长年溺饮不醒也，若老馗须髯戟张豪口，摄鬼睥睨处，不知有人方可一醉也，今图其状，醄醄焉，腾腾焉，冠裳颠倒，剑佩皆遗，老馗，老馗，值得一醉耳。七十三翁杭郡金农画记。”

金农还题款：“未有画及醉钟馗者，余用禅门米汁墨吮笔写之，不特御邪拔厉，而其醉容可掬，想见终南进士嬉遨盛世，庆幸太平也，昔人于岁除画钟馗小像，贡献官家，以拔不祥，今日则专施之五月五日矣。农又记。钤印：金吉金印、生于丁卯。”

历朝历代画家，画钟馗的不少。唐吴道子画《趋殿钟馗图》，张渥有《执笏钟馗》，五代年元德有《钟馗击鬼图》，宋石恪有《钟馗小妹图》，孙知微有《雪中钟馗》，李公麟有《钟馗嫁妹图》，马和之有《簪花钟馗》，梁楷有《钟馗策蹇寻梅图》，元王蒙有《寒林钟馗》，明唐伯虎有《钟馗春郊小骑图》，钱榖有《钟馗移家图》，郭诩有《钟馗杂戏图》，陈洪绶有《钟馗元夕夜游图》等等。我也收藏有当代画家王建华的《钟馗夜醉图》。

这么多的古今画家，把目光都盯住钟馗，自然有着“沉渣不断泛起，老谱不断袭用”，魑魅魍魉横行于世，“今日欢呼孙大圣，只缘妖雾又重来”。

冯霞借用金农之“禅门米汁”画钟馗，何尝不是寄寓了御邪拔厉，“金猴奋起千钧棒，玉宇澄清万里埃”的“捉鬼”理念。

我曾开玩笑地问冯霞：“文学领域有流派一说，‘山药蛋派’‘荷花淀派’，你自成一派，也没给自己起个流派名号？”

冯霞笑笑说：“画派是自然形成的。过去局限于地域，交通闭塞等一些历史原因，所以才形成金陵画派、西山画派什么的。还因为封建文人们的保守，父传子呀，传媳妇不传姑娘呀，现在交通也方便

钟馗开刃图　国画　178cm×96cm

了，可以走南闯北了，还要人为打造这个派那个派，就变得有些可笑了。”

唐达成在谈到以赵树理为代表的“山药蛋派”、以孙犁为代表的“荷花淀派”时，有这样一个说法：“人们总喜欢把文学的‘这一个’，合并同类项，归纳成某某流派。殊不知，形成流派本身就是一种模仿的产物。一个人闯出一条路子，周围的人群起而仿效之，也许，这样可以不断丰富某一种创作形式，但毕竟离个性的表现和发表对生活的独到见解相去已远。更何况如果整整一代人都蜂拥至同一条路上，在轰轰烈烈的表象下，掩盖着的是这一代人的悲哀。”

我说：“这恐怕也与文人们的自立门户、占山为王、招兵买马、壮大声势有关系。”

冯霞说：“是呀是呀，山西现在有人试图把山西山水画家打造成黄河画派，更壮大气势。人家黄河长了去了。还从宁夏流过、从陕西流过、从河南流过，大家都争黄河流派哇。西安画派改成黄土画派了。弄画派的人心里有个小九九，就是想突出个人，弄个画派的领军人物，谁打造起来，谁自然就成为创始人、领军人物。里面都有私心杂念，并不是想着怎么多出作品，出好作品。不打造画派，人家也照样出画了，黄胄不是在北京照样画新疆？现在打造画派已经不合时宜，引人发笑了。”

冯霞为此还写有《人造画派有思》诗四首：

劝君万里读丘壑，
胸中五岳自巍峨。

管他南宗与北派，
舀来长江画黄河。

有形山川融天道，
无稽画论南北分。
宋人已勘唐人误，
何苦至今恋两宗。

胭脂轻研武陵春，
徽墨淋漓太行魂。
门户踢开写南北，
黄山敢飞泰山云。

塞上冰雪白江汉，
潇湘竹雨绿边陲。
画坛七九河开日，
笔下惊蛰响春雷。

陈丹青有言：“真的美术史是什么？是一声不响地大规模淘汰。”

莫把丹青等闲看

1998年，冯霞以身体原因提前退休，为职业生涯画上了句号。从1960年十六岁踏入社会，到1998年退休，三十八年间，冯霞用自己的绘画专长，先是服务于政治，后是服务于生产，虽然争得了半个自由身，然而仍有“身不由己”之无奈。退休以后，再也不用因为元旦，春节，三八妇女节，五一国际劳动节，国庆节，计划生育，安全生产月等时事做应时宣传了。能安静下来，潜心创作。冯霞说：“我是完全获得了自由身。”

退休后，冯霞的美术创作真正进入一个“自由境界”。《东方赋》《太阳有约》《山村夜话》《鲁迅诗意》《混沌初开》《喜从天降》等工笔画，以及一大批巨幅山水长卷《轻舟已过万重山》《黄山大观》《铁壁铜墙太行山》《沁园春诗意》《华夏图腾》《青山阅古今》等精彩作品不断涌现，令人目不暇接。

冯霞说：“我下笔画画，定要心中有所思考。别人借鉴先辈，继承传统，都是‘往上靠’，而我偏偏是‘避着走’。吃别人嚼过的馍没

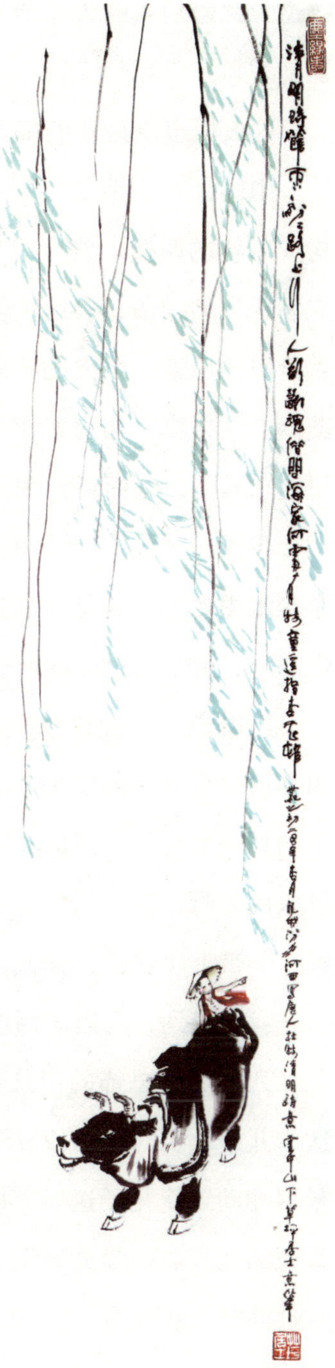

牧童遥指杏花村　国画　138cm×35cm

味道。踩着别人的脚印走，永远走不出自己的路。我总是有了想法才动笔。”

这大概也就是我们搞文学的人写文章所说的“意在笔先”？

中国画有所谓的大写意、小写意。名字就起得好！写实与写意，构成事物的两极。物为意象，言为心声。通过笔墨语言，构图形式，充满活力的线条，表达主体对客体内在生命张力的感悟，表达出对人生价值的思索。冯霞的绘画，既有宋画的精致纤细，又有西画的精髓蕴涵。“格物”与写意相融会，不拘于物象而能显其神。既求形似而更追求其韵，崇尚诗性表达。

我说：“我一向认为，一幅高明的画上，总会体现两个意境：一个是水墨意境，这是要靠技巧功力来展现；但更重要的是要有一个诗性意境，就是透过画面所表现出来的思想指向和文化含量。”

冯霞说：“古往今来，都是这样。著名的西洋画，凡是传世的、出名的，全有它的思想性。列宾的《伊凡雷帝杀子》呀、《伏尔加河上的纤夫》呀，居丹的《肯特海滩》呀，德拉克洛瓦的《自由女神引导人民》呀，热罗姆的《拍卖奴隶》呀，它全有思想性。中外皆是这样，一带上思想性，就成名画了。”

我没想到，冯霞对西洋画也如此熟悉，说起来如数家珍。

列宾的《恐怖的伊凡和他的儿子》：专制独裁的伊凡雷帝，在一次与儿子争执时，用权杖猛掷过去，不幸击中儿子头部。这一偶然的暴烈冲动致使儿子送命。伊凡顿悟这绝后的可怕举动，立刻上前搂抱垂死的儿子。他睁大恐惧、悔恨交加的双眼，想求儿子饶恕。兽性和人性同时显在他身上。为了增强画面的恐怖感，画家有意采用了浓重的红色调。该画集中刻画伊凡的瘦脸和瞪着的两只大眼珠，那种不可逆转的杀子之痛预示着伊凡的统治即将灭亡。这幅画所表现的专制的放纵和天性的猛醒令人震憾。它促使我写出《专制独裁者在末日会想些什么》一文。看来冯霞与我颇有共鸣。

泰奥多尔·居丹的《肯特海滩》：画面描绘的是在狂风暴雨下的海浪中即将倾覆的帆船。人们纷纷逃离帆船，乘上救生船逃命。狂涛汹涌，人们在挣扎。在黑白两色的对比中，表达的是生命意志与生存环境的搏击。唐达成曾写过一篇文章《关于“命运”的沉思》，对这一画面做出了最好的文字诠释。

欧仁·德拉克洛瓦的《自由女神引导人民》，画家描绘的是法国1830年七月革命结束了复辟王朝。画家说：“我没能为国而战。至少能为之作画。”这是一幅歌颂自由不可遏制的作品。画家以奔放的热情歌颂了这次工人、小资产阶级和知识分子参加的革命运动。画面上是一个踏着瓦砾、高举三色旗引导同伴奔赴战场的女性。她健美而朴实、决绝而有力，从此这位女性形象成为自由的象征。画面上强烈的风火硝烟所形成的光影效果，丰富而炽烈的色彩和充满着动力的构图形成了一种强烈、紧张、激昂的戏剧性气氛。使得这幅充满史诗气息的作品，极好地概括了画家用人道主义理想抗拒专制暴力的主题。该画的颠覆性使它在诞生后的二十五年内，一直被统治者禁绝公开展出。

让·莱昂·热罗姆的《拍卖奴隶》：近东地区司空见惯的奴隶拍卖，引起了画家的注意。被剥去衣衫的女奴裸体站在台上被拍卖。台下是争相竞价的商人，他们伸出手指，暗喻买奴隶的价格。女奴们茫

喜从天降　国画　178cm × 48cm

然地望着这一切，听凭命运的摆布。有买主还轻佻地抬起女奴的下巴，掰开口唇看看牙口，以确定年龄……这幅画把民众的苦难表达得令人触目惊心。

列宾的《伏尔加河上的纤夫》：画中的纤夫共有十一个人，分为三组。每一个形象，列宾都为他们画过人物写生。他们的年龄、经历、性格、体力以及他们的精神气质各不相同。画家把这些性格做了高度的典型化，又都统一在主题之中。在画家本人的记述里，对每一个人的背景都有详细介绍，我们透过画面，看到了18世纪俄罗斯苦难民众的缩影。

冯霞说："我的画，就是要从思想性方面来，从文学性方面来。我在起题目上特别下功夫，画龙点睛嘛。中国画不值钱之处就在于画牡丹就单纯是牡丹，国色天香；画孔雀，就是孔雀开屏。不注重思想，光追求绘画技巧，没有文化含量。我就是画个小鸡，也要起名《混沌初开》呀，《喜从天降》呀。"

冯霞笔下的小鸡雏，一只只活蹦乱跳、活灵活现。使我不仅惊叹于冯霞的绘画技巧，更为冯霞给这些画幅所起的名字拍案叫绝。

冯霞画了一只白鸡一只黑鸡，从蛋壳里刚刚蹦出。两只黑白鸡雏构成太极图的阴阳鱼。冯霞在图上题款："古代哲人以鸡蛋的混沌为一，阐释生命的起源、宇宙的形成，且已达成共识。由此大悟，遂将鸡雏出壳画题命为《混沌初开》。"

冯霞的《喜从天降》：画面上是六只小鸡雏，引颈翘首，望着从上面蛛网上一根丝吊下来的蜘蛛（民间素有"喜蛛"一说），期待着成为口中之美食。冯霞题款："横空穿梭，上下求索，风雨无悔，昼夜经纬，络绎两仪，运筹四象，罗列八卦，可筛风月，可网天机。蓦然间一丝直下，喜从天降，此处人杰地灵焉。”

《周易》是用意象表达思想。太极生两仪，两仪化四象，四象变八卦，八卦相叠，生成八八六十四卦象。卦有象，筮也有象。《周易》的千变万化，神秘莫测，正是由五个天数与五个地数合成的五十有五的变化产生。“五十有五”的变化产生七八九六四个数字。由七八九六的变化产生爻，由爻组成卦。所谓“成变化行鬼神”即指此而言。

用数来表现宇宙之万象，乃是人类先祖的高超智慧。在这方面，东西方有着相似的逻辑思维。与《周易》几乎同时期的古希腊哲学家毕达哥拉斯，提出这样对宇宙的认识：“数的原则就是宇宙和万物的原则，一切都是数”；“十是数的本质，是完满的数”；“数可以使不确定的东西变得确定起来”；“德行能够从数字上来理解：正义是四”等等。希波吕托斯在谈到毕达哥拉斯学派时说：“对毕达哥拉斯学派而言，数是第一原则，这个原则在本质上是阳性的一元，像父亲一样产生其他数”；“二元是阴性的，三则是阳性的。这就是说偶数是阴性的，奇数是阳性的。一些数都是四，四产生了十这个完满的数”；（从一开始把前四个数相加其和为十）“十的四个部分，即数、一元、能力和立方体，其组合可用以说明一切的产生。”浦洛克勒斯则暗示：毕达哥拉斯学派发现直角三角形弦的平方等于另两边平方之和。斯珀西波斯则指出：“对于毕达哥拉斯学派来说，一就是点，二就是线，三就是平面三角形，四就是三棱锥体。”从这些论述和记载可以看出，在信息完全闭塞的生存环境下，相隔万里之遥的东

混沌初开　国画　68cm×68cm

西方哲人们，却是产生了“英雄所见略同”的见解。

《周易》是中华民族神奇智慧的结晶，正是超脱于具象的抽象思维，把理性知识用抽象的概念和符号来表达，使得《周易》在两千多年来一直保持着常读常新的旺盛生命力。阴和阳的能动性质用太极图来表示，这个图中黑色的阴与白色的阳是对称的，但这种对称不是静止的，这种合理的对称暗示着强有力的无休止的运动。在图中的圆点象征着这样的思想，每当这两种力量之一达到自己的极致时，它就已经孕育着自己对立面的种子。

中国传统的中医，就是根据《周易》理念中人体内阴阳的平衡作为依据，任何疾病都被看作是这种平衡的破坏。人体可以分为阴和阳两部分，体内是阳，体表是阴；背面是阳，前面是阴；体内则有阴阳器官。所有这些器官都是通过气在经络系统中的不断运行而保持平衡。经络上有固定的穴位，每个器官与脉络都是以这种方式联结成一个整体的。阴器官与阳脉络相通，当阴阳之间的通路被阻塞时，人就病了，而治疗的方法就是针灸穴位以刺激和恢复气的运行。

西方现代物理学，深刻改变着人类的传统生活方式。而20世纪末的科学研究，则在现代物理学与东方神秘的《周易》中找到了“曲径暗通”的渊薮关系。《周易》中六十四个“六线”图形，都是由阴阳符号组成，它们或“断”或“连”的组合方式，成为世间万象万物的“象征图示”。而这种既简单明确又变幻莫测的思维，为计算机的开发提供了“理论”启示和“技术”支持。

中国古代的《周易》被称为六经之首，成为中华民族取之不尽、用之不竭的思想宝库。

从冯霞画面的丰富性中，你会产生许多哲学的联想和感悟。

冯霞专门写过一部专著《风水学与山水画》。将风水学中的哲理与美学融入山水画中，构成了“山环水绕”的审美，蕴涵着“天造地设”的魅力。

现从冯霞所著《风水学与山水画》中摘录几段，管中窥豹，了解冯霞对山水画与风水学的研究：

如果说书画同源，书画家们不会有异议。说风水学与山水画同源，或者说山水画源于风水学，难免会遭到山水画家的非议。

风水学又称堪舆、地理、山水之术。风水师称地理家、地师、山水之士。历代山水画论中，称山水画为山水之术。山水画家为山水之士。

《史记·武帝传》载：“大禹收九牧之金，铸九鼎，象九州。”《左传·宣公上》载：“昔夏之方有德也，远方图物，贡金九牧。铸鼎物象，百物为之备。”这九鼎图以九州山川地域为主要内容，还有草木禽兽、神人鬼怪诸图像，其功用《左传》谓：“乃大禹欲使民知神（善）奸（恶），协于上天以承天体。”九鼎图为人摹制并注以说明文字，久经流传，图即《山海图》，文为《山海经》。《山海经》又称为《禹书》。班固《汉书·艺文制》列其为“大举九州之势以立城郭室舍之形的‘形法’”，即风水地理经典。

以上所述，便是风水学与山水画同源的最早范例。

在魏晋南北朝时期，庄老降，而山水兴，《山海经图》的审美价值，对山水诗、山水画的发展，无不产生了深刻的启迪与影响。陶渊明是山水诗大家，常常由《山海经图》获得灵感，他的《读山海经》十三首诗中就有“汎览周王传，流观山海图”之句。在风水学对山水诗影响的同时，也成为山水画的先声。

由于风水学与山水画的审美、理念，甚至寻山辨水的方法极其相似，有许多山水画家就是风水家。反过来说，有许多风水家成为山水画大家。不少山水画论源于风水理论。

风水胜境引发了山水画家的钟情，读万卷书行万里路成了山水画家的学养。

山水画家学习、研究、借鉴风水学理论，大有裨益。

由此可见，冯霞在从事绘画创作的同时，还在研究国学并著书立说。

冯霞还画过一幅《鲁迅诗意》图，其画面表现的是“虎爱”。

冯霞说：“全国画老虎的多下了，他们都是要虎啸山林呀，张牙舞爪的，狐假虎威呀，虎死不倒威呀，反正是威风的一面，虎威虎威吗。我要画，我就想，不能模仿别人的老路。老虎也有母爱吗，虎毒不食子，我一下就捕捉到了，画虎爱图。当然从技法上要学习方纪中呀，有个叫张啥的，也是专门画虎的，跟张大千是一辈的，还专门住到深山老林里。大家的作品我也要参考，但我是躲了，不是靠了。”

历代名家笔下的虎图真是数不胜数。石涛画过一幅《画中藏虎》图，据说他画虎时，要一个人关在家里，不让其他人在场。石涛在地下铺开纸，把一桶墨汁倒在盆里，脱掉鞋袜，卷起裤腿，双脚踩进盆

鲁迅诗意　国画　90cm×90cm

里，沾满墨汁，在纸上东踏西踩几步，然后又跳出纸外，站在远处望望，似乎还不满意，又站上去补两脚。又见他用扫帚蘸上墨汁，横刷了几刷，再蘸上墨汁，拍拍洒洒。最后掏出一支小毛笔，蘸饱墨汁，人趴下来，在纸上这里点点，那里圈圈，然后又退回几步看看，再添上几笔。过一会儿，看看似乎仍不满意，再拿起扫帚拍上几下。画成之后，人们只见画面上林密草深，貌似一幅风景图。然而林丛草根深处，竟然还藏着一只斑斓猛虎；吴道子的画天下闻名，人谓“画鱼鱼戏水，画鸟空中飞，画树能结果，画驴会拉磨”。他在许州小西湖画的《卧虎桥》贴在桥头，竟然能吓得强人也退避三舍；还有韩必省《百狲谐乐图》上的卧虎……可说，历朝历代把虎已经画绝了。正如李白诗句：“眼前有景道不得，崔颢题诗在上头！”

陈治华曾与冯霞同在太原实验晋剧团共事，是美工组组长，后来又调到了迎泽公园。陈治华一生致力于画虎，他画的虎在山西很有名气，也算自成一家。他知道我属虎，便给我画了一幅《雪夜觅食图》。我把陈治华画的虎拿给冯霞看，冯霞看后评议说：“你说这虎吧，画得倒也不寒碜，可是你说除了虎，你还能看出些什么来？”说着，他摇了摇头。

冯霞《鲁迅诗意》的画面上画了一只母虎和两只虎崽。虎崽安静地躺在妈妈的怀抱里，两双眼睛流露着幸福的神态。虎妈妈则满足地闭着眼睛，享受着天伦之乐。我看着这幅画，首先惊叹于那一身虎皮，那么逼真、那样富有质感，毛茸茸的让人忍不住想伸手触摸。然而更令人惊奇的是那两只虎崽的眼睛。眼睛是心灵的窗户，爱就是从眼睛里到心怀。传说神笔马良，画龙不敢画上眼睛，一画上眼睛，龙就会腾云驾雾而去。于是传下“画龙点睛”的成语。冯霞笔下的“虎睛”，无疑也有此神奇。王书鹏看了冯霞的这幅虎图，惊叹地说：“那哪是老虎的眼神，分明是画出了人的复杂情感。”

确实，那两只虎崽的眼神，真不是我这支拙笔能够真切描述的，那是只可意会无以言传。

冯霞为此画题款：“无情未必真豪杰，怜子如何不丈夫。知否，兴风狂啸者，回眸时看小於菟。”

冯霞将这幅画命名为《鲁迅诗意》。

近年来，人们对鲁迅越来越多微言非议：

“鲁迅看这个世界是绝望的，狠毒的。……鲁迅文章中有一股阴冷之气，杀伐之气，他说是受了俄国作家安特列夫影响，不是的，是他就有这样的气质，这样的品性。好多人说，他看鲁迅的文章，看到半夜会有毛骨悚然的感觉……”

“读鲁迅的书多了，确实对年轻人身心健康不利。不说坏人心术了，总是容易让年轻人变得阴狠起来。比如鲁迅就说过这样一句话：‘我向来不惮以最坏的恶意来揣测中国人。’你想想，鲁迅念这句话的时候，一副咬牙切齿的样子。如果一个漂亮女孩子或是一个英俊的男孩子，一天到晚老是不惮以最坏的恶意来揣测中国人，那多可怕呀，时间长了会变成什么样子呢。谁敢和他在一起相处呀。”

鲁迅一向讲究“以眼还眼，以牙还牙”的报复性，甚至直到临终，还发出“一个也不饶恕”的狠语。

然而，冯霞从鲁迅“无情未必真豪杰，怜子如何不丈夫”的诗句中，看到了鲁迅博爱温情的一面，并且用一幅“虎爱图”表达着自己

山村夜话　国画　120cm × 60cm

的想法。

冯霞的《鲁迅诗意》图，言发于此而意归于彼，让我们从虎爱中看到了冯霞对鲁迅的认识。

冯霞还画过一幅《山村夜话》，整幅图画面上只有一轮圆月和一只硕大的狗。整个村庄都笼罩在朦胧的夜色中。这幅画创作于国家取消农业税之后，显然是一幅表现当今农村题材的作品。

绘画史上有诸多的传世名作反映着农民生活。巴斯蒂昂·勒帕热的《垛草》：那因垛草而劳累过度躺在草地上酣睡的农夫，他好像刚刚吃过妻子送来的饭，用草帽盖着脸正在享受着片刻的轻松；年轻体壮的少妇默默地坐在丈夫的身边，长期艰难的生活使她显得疲惫不堪，神色已变得像老年人一样呆滞而默然。米勒最重要的代表作《拾穗者》，作品无声地倾诉着农民的贫困与疾苦、焦虑与哀愁，隐含着强烈的社会批判意识……众多的画作都表现出了“悯农”“悲农”的博爱情怀。

冯霞的那幅《山村夜话》作为表现主体的农民被隐去了，只剩下一只守望着乡村的狗。冯霞题款：“千年田赋，如雾散去，神州稼穑，一抹阳光，便是五谷丰登，看农家，满院生金，梦中笑醒。听黄犬，一夜无声。盛世太平，游子何时归，月是故乡明。”

画面的文字似是一片盛世颂歌，满目锦簇。然而，为什么取景“夜半”？标以“梦中笑醒”？只有一轮明月，虚幻的光亮。再看那只黄犬眼神中透出的复杂情绪，让人不由得读出了力透纸背的欲哭无泪、凄苦惆怅的内容。

“游子何时归，月是故乡明”，让人联想到许多关于三农问题的现状：人去屋空的农舍，完全老化败落的村庄，盲流般涌入城市的青壮年一代，留守于乡村的空巢老人……

生活于其间的冯霞对农村是熟悉的，他是用无声的画面表达着自己的思索和焦虑。

徐谓有言：“莫把丹青等闲看，无声诗里颂千秋。”苏轼也曰：“谁言一点红，解寄无边春。”

冯霞在一幅幅殚精竭虑、用心良苦的绘画中，自始至终都贯穿着对人性的解读，对人生命运的拷问，对生存悖论的思索。

鸡立鹤群也风流

2006年，山西省工笔画协会成立。冯霞向我讲述了成立大会上的情形：

“山西工笔画协会成立，杜玉曦任首届主席。由他提名，就把我弄成副主席了。杜玉曦是老画家，他知道我工笔画的功底。我在太钢时，除了参加画展，很少参加社会上的活动，2006年，我退休也七八年了，更是蜗居在阳曲这片小天地。洞里方数日，世上已千年，与山西画界越来越疏离了。成立大会上，好多小年轻们，不知道冯霞是谁。我出道比较早，和赵梅生、侯杰、祝焘等人合作过创作。小年轻们哪认识个冯霞，咋就弄了个副主席？该叫个老冯，还是冯师傅？反正是叫个冯老师，人家别别扭扭的，很不顺口。”

冯霞是谁？这是睥睨轻视的一种漠然。这是可有可无的一种质疑。

三十功名尘与土，八千里路云和月。从到处打听“谁是冯霞”的闪亮登场，到“冯霞是谁”的式微终场，冯霞的人生轨迹画出一条抛

昭君出塞图　国画　45cm×45cm

物线，似乎逐渐被边缘化，离开了舞台中心的聚光灯。

冯霞说：“我憋了一口气，我咋也得给杜玉曦挣回个面子。我就下决心给他们画个大公鸡看。”

我听说过一个王冕画牛的故事：王冕从小是个放牛郎，与牛打了大半辈子交道。后来因绘画成名，最擅长的就是画牛。晚年，有个年轻人向他学画，可画来画去就是画不好一头牛。于是向王冕请教，为什么我看你画牛那么轻松，随笔拈来，浓涂淡抹总传神。而我左改右改，画几天也画不出你笔下的牛的神态。王冕笑笑：看来你的牛是画了几天，而我只是画了一晌午，可你不知道，你不过学了才几年，而我投入的功夫却是几十年。

冯霞脑子确实是好使，他自幼就向朱焰学画鸡，每天守着农家，对鸡可说是司空见惯、了然于胸。他善于发挥自己的优势，挖掘自己拥有的资源。

冯霞说：“我花三个月时间，画了个大公鸡，山西省首届工笔画大展中，一下就轰动了。有个香港老板，现场就要掏出五十万元来买。这下子，小年轻们见识了冯霞是谁，见了面叫起冯老师来也顺当了。”

冯霞为此写了一篇文章：《鸡立鹤群也风流》。介绍了他画鸡的创作体会：

要说画鸡，还得从力群先生说起。20世纪80年代，力群先生在谈到深入生活时指出，画家应该画自己熟悉的、感兴趣的、有意义的东西。古元先生补了一句：有绘画语言的……这比起“文革”时期的

“三突出”,拓宽了创作视野。

鸡,伴随着人类的进程,有五千年的历史。鸡,是农家油盐酱醋、针头线脑的来源。同时,也是农家孩子上学的学费来源,有多少寒门学子,在三更灯火五更鸡声中走向学堂,走向成才。

我生长在农家,对鸡是那么熟悉,那么感兴趣。我开始画起了鸡,年画、版画、中国画,都表现鸡的题材。

正因为鸡是华夏文明的吉祥物,农家生活的聚宝盆、摇钱树,从古至今,不知有多少诗人、文人、画家在讴歌雄鸡。可也有一些自命清高的文人,百无聊赖,整日里无所事事,自怨自艾,觉得他们怀才不遇,生不逢时,幻想有朝一日飞黄腾达、平步青云,像雄鹰展翅高飞,像大雕鹏程万里。他们蜗居蓬庐,志在高远,令人同情。可是这些文人偏要用鸡来衬托他们的鹰。说什么鹰有时候比鸡飞得还低,但鸡永远飞不了鹰那么高,末了还补上一句“鸡的理想不过是一把米”……对鸡这样挖苦,我可要多嘴了,反问一句:那雄鹰展翅也罢,鹏程万里也罢,究竟是为了什么,才使得鹰、鹏长途跋涉、万里奔波?说穿了,它们也不过是千里觅食罢了,最终落了个鸟为食亡的下场。目前鹰与鹏已濒临灭绝的边缘。文人所崇拜的鹰啊,鹏啊,可悲、可怜。诚然,文艺作品不能用学科考证,却能从文艺作品中看出作者的好高骛远与狭隘。这些取决于作者的学养与素质,见仁见智。

历代文学作品中,有很多对鸡的描写。《诗经》中有两首《鸡鸣》列入了风雅之篇;战国时期韩非子写出了鸡的“五德”;晋代祖逖闻鸡起舞奋发图强;明代朱元璋写出了“三声喊出太阳来”的气势。毛泽东写出了“一唱雄鸡天下白”气壮山河的诗句……凡雄才大略的贤哲能通过对鸡的咏叹，反映出他们的思想境界，同时也塑造出鸡的艺术形象。读了他们的诗句，受益匪浅，更加深了对鸡的艺术情结，在画《东方赋》时，就是依照贤哲们的思路画下去的。

草稿起完了，两米高的芦花公鸡顶天立地，我避开了引颈高歌、金鸡报晓等几百年来被画家们画滥了的形式。我画了一只芦花公鸡的正背面，着重刻画了芦花尾羽，做了合理的夸张、恰当的梳理并压低了地平线，使鸡的形象更加高大，更加阳刚。着色的过程不想赘述，两天染一根尾羽，还得挑灯。两个月下来，方才染成，个中甘苦不言而喻。远处松林如黛一抹，没有细抠。只用大兰竹意笔写出，拉开了画面空间。整个画面只用了红色与墨色。天空中的红霞，把个芦花鸡映衬得敢与孔雀媲美、敢与雄鹰比矫健。对，还有白鹤，文人们不是有鹤立鸡群的成语吗？我觉得，反过来，鸡立鹤群也风流。

题款，应该是绘画中构图的组成部分，许多画家却在边头堰地、犄角旮旯里落款，有的写在墨色深处，使得落款不是锦上添花，而是有画蛇添足之感。我想堂堂正正地落款，于是虚画了石头，为题款腾出一方天地。并赋诗一首：东方，孕育了太阳，繁衍了月亮，银汉横空，群星由东方行天；东方，酿造了东风，解冻了冰河，大地回春，生机，由东方萌发；东方，立三大宗教，兴四大古国，人类历史，文明，由东方传承；东方，预约了鸡声，唱响了黄钟，梦醒寰宇，一天，由东方复始。将诗题名为《东方赋》，这样，落款既完善了构图，也深化了主题。能使画面在以芦花鸡的赋比兴中，使读者品味出蒸蒸日上的东方和东方文明的文化内涵……

后来还专为此治印一方“云蒸霞蔚”。

冯霞颠覆了“鹤立鸡群”的观念，反其道赋予了“鸡立鹤群”的新意。

画鸡向来就有着良苦用意，当年唐伯虎画下那只天天打鸣的趾高气扬的公鸡，在旁边配了一首诗：“头上红冠不用裁，满身雪白走将来。平生不敢轻言语，一叫千门万户开!”

冯霞说：“我从来没有商业意识，只追求文化含量。我的那只大公鸡，远看才气派哩！我用的色彩不多，全要了功力了。中国画是以墨带色，中国画讲究个雅字，着色不多，尽显风流。”

我说：“我听说书法上有个说法：墨分五色。同是着墨，能由于浓淡而分出五个层次。”

冯霞说：“墨分五色，实际上是绘画语言。书法家嘴上这么说，实际他们也分不出来，这只是他们追求的效果。绘画能把书法的表现长处引进画里，书法却不能把绘画的技巧引进书法。块块里的点线面，就像音乐里的高音中音低音组合。绘画里有个说法，色不压墨，上色彩是浅缝，不要压了墨汁。青墨山水发展成现在的彩墨山水。金粉也点上去了，办法还新鲜些。”

冯霞的“争回面子”之作《东方赋》大获成功。

冯霞在山西省工笔画协会的经历，还有一个有趣的故事。

冯霞说：“杜玉曦想给工笔画协会筹集经费，号召每个人画几张。我当然要捧场，就画了四幅古典美女图。西施、貂蝉、王昭君、

东方赋　国画　200cm×180cm

西施浣纱图　国画　45cm×45cm

杨贵妃。我画工笔画，十分认真，王昭君身上的衣服，我都要找钟鼎、汉代的衣饰做参考依据。不能胡画乱涂，都要经过严谨、一丝不苟的考证。我给你举个例子：太原市建市两千年纪念，市委宣传部出一本纪念册，都是我给画的图。其中有个《看神威火箭发射图》，附着一句：'看神威火箭射天狼。'换个人，随意画个星空就行了，我认真地把天文图找出来，天狼星、狮子座、猎户星座，都画出来。因为我很严谨，各方面的资料都看了，其他人可能就忽略了。画册出来后，可能是一个搞天文的人看了以后说，啊呀，这个天文图画得很准确嘛。偏偏遇上这么个懂天文的，看得也仔细，就看出来了。我画画从来不是糊弄外行看热闹，就是要经得住专家审视，能看出个门道来。我的四大古典美女图画成后，搞展出拍卖，卖画时就弄出个让人哭笑不得的笑话。一张画不知道是卖一千块钱呢，还是两千块钱，够低的，就这，人家煤老板还不买呢。咋说？不就是幅画中的美人人吗，中看不中摸。人家说，有这两千块钱，我们还不如找个美女。省下画饼充饥解不了饥渴。就这么！"

冯霞的古典四大美女图，是四幅有着生命力的尤物。只不过那些酒囊饭袋凡夫俗子，被一层铜锈遮蔽了的"青光眼""白内障"们，有眼无珠，有眼不识金镶玉。画是需要用赤子的灵性去感悟，用发现美的眼光去观照的。

我看过欧文·斯通记述凡·高生平的传记《对生活的渴求》。这位身后享有盛誉的世界级大画家，生前却是贫困潦倒，到死也没有卖出自己的一幅作品。一生的生计，靠弟弟供养。为了安慰哥哥，他的弟弟偷偷地委托画商，花四英镑买了凡·高的一幅画。凡·高的名作《鸢尾花》，由评论家奥克塔夫·米尔博在1892年以三百法郎的价格买下，他算是凡·高作品的最早赏识者。《鸢尾花》这幅画在凡·高死后，不断地转手买卖，1988年的拍卖会上，有人叫出了五千三百万美元的天价。在凡·高身后一百年，他的《向日葵》以四千两百万美元的价格卖出，《蝴蝶花》在美国拍卖了五千三百五十万美元，那幅《没有胡须的凡·高》更是创下了七千一百五十万美元的天价！实在是颇具讽刺意味。

近些年，随着送字画成为一种“隐形贿赂”的手段，书画市场如火如荼。不少画家不想错过这一千载难逢的“良机”，于是，一番炒作粉墨登场，九州大地猛然间就雨后春笋般地冒出了诸多书画大师。我们陷入了一个大忽悠社会，一个价值颠倒的时代。艺术成就的高低由画家身份决定；画家作品的优劣与其所入体制的地位相关；画展的成败由所占场地和剪彩人官方职务分档次；主宰画界的领导，可以指鹿为马信口雌黄点石成金，左右一幅画的市场价格；自我包装自我炒作，成为行之有效的舆论导向……一时间，泥沙俱下、鱼龙混杂，在这种艺术价值与市场价格错位的现状下，我们越来越缺乏发现美的“眼睛”。

面对如此一个喧嚣、浮躁、骚动的生存现状，多少书画家随波逐流、同流合污。而冯霞却是乐守清贫，没有一张画投放市场。我有些置疑，冯霞困顿到连绘画的宣纸都靠画家朋友们周济，如著名画家祝焘、汪伊虹、李庆富等人就常常以宣纸相赠。这时有人愿高价买他的画，他为何还不出手？

冯霞解释说：“我既涉及国学、风水、周易，就不免知命认命。

贵妃出浴图　国画　45cm×45cm

貂婵拜月图　国画　45cm × 45cm

我八字中一无官运，二无财运，属于穷命。今天不名一文，照样画画，身强体健心踏实。明天卖下一百万、几百万，德不配位，将会‘出拐’，不是生病，便有横祸。就连社会职务，命定也只能就任副职，不敢接任正主席。”

大概正是这一观念，使得冯霞身居蜗庐，甘心“寒窗无人问，板凳我自冷”的寂寞。没有了市场利益的驱动和诱惑，反而使得冯霞能潜心创作，不断有精品涌现。

画人物其实是画自己

我问冯霞："听朋友们说，你开始涉足佛教题材绘画？已经画出狮子、白象、麒麟等佛教菩萨们的坐骑？"

冯霞说："林凡回太原，碰见我，知道我的人物画画得好，就跟我说，冯霞，有时间画画佛教人物。其实，我正在构思画的过程中。我不想画成现在流行的那种菩萨的陈式，长袖宽衣，袍袍褂褂。完全是佛教中国化的打扮。我想还原菩萨的本来面目，就是印度流传过来时候，袒肚露臂，能看到肚脐的那种，就是还神性于人性哇。正在起草，这个工程大了，画都有八尺高。"

冯霞所钟情的金农，就画过许多佛教人物像。

金农画佛已近暮年，于此道自视颇高，曾言："余画诸佛及四大菩萨、十八罗汉、十散圣，别一手迹，自出己意，非顾陆谢张之流，观者不可以笔墨求之，谛观再四，古气浑噩，足千百年恍如龙门山中石刻图像也。"

佛像是金农中年之后常画的题材。他曾在《冬心画佛题记》中

庄子 国画 75cm×46cm

说："余年逾七十，世间一切妄念，种种不生，此身虽属秽浊，然治清斋，每当平旦，十指新沐，熏以妙香，执笔敬写，极尽庄严，尚不叛乎昔贤遗法。世多善男子，愿一一品之，永充供养云。"金农点明了他晚年虔敬画佛的原因。

金农的晚年，笔下画出了众多传世的佛像：《罗汉像》（立轴、水墨纸本）；《罗汉图》（立轴）；《寿佛像》（立轴）；《罗汉诵经图》（立轴、设色纸本）；《杖锡摩陀尊者》（设色纸本）；《坐佛》（立轴、纸本）；《无量寿佛》（立轴）；《观音图》（立轴、设色纸本）；《得悟图》：（立轴、设色纸本）；《达摩》（立轴纸本）……

金农笔下的佛像，神情安然自若，衣纹用笔粗犷古拙，身后背景以其独特的书法来完成。新颖的构图及遒劲的笔力得益于作者深厚的碑刻功底。人们评论金农"性情峬峭，世多以迂怪目之"。金农晚年喜为和尚造像，也许是他处"红尘"而向往遁世之途，也许是他欲借和尚之影表现怪逸行迹的合理性，他笔下的和尚造型从比例、用线到设色都独具拙意，简率而传神。金农的画多题词、文、曲，因而更丰富了他画面的表现力。

金农有一幅画，画面是在菩提树下端坐一尊古佛，面容清癯温和，颇有五代贯休罗汉之遗风。古佛面部五官刻画得生动、传神，人物动态自然，悠然而善思。古佛及菩提树等配景，均以作者所特有的笔法完成，笔力潇洒，线条凝重刚劲。金农曾在乾隆元年（1735年）荐举博学鸿词落选，入京未试而返。后以卖画长期居住在扬州的三祝庵、西方寺等地，至衰老穷困而死，终身布衣，生活清苦。本幅作品作于他辞世前一年，未尝不是他心境的写照。

宗教题材一直是画界一个永恒的主题。意大利文艺复兴时期的涉及这一题材的画作有米开朗琪罗的《创造亚当》《最后的审判》，达·芬奇的《岩间圣母》《最后的晚餐》，拉斐尔的《花园中的圣母》《西斯廷圣母》，以及为西方无数画家涉笔的同一题材《三王拜圣》等等。

画宗教题材的神性人物，画家其实是在画自己。米开朗琪罗画过一幅《圣彼得受钉刑》，他在画面上画了各色人等，他们面对一个圣徒为上帝殉道的场面，每个人都“心怀鬼胎”地打着各自的小算盘。米开朗基罗将彼得的目光画得直视观画者，仿佛在拷问每一个灵魂。那眼神分明就是自己的眼神。米开朗琪罗为佛罗伦萨大教堂画的《耶稣降下十字架》，那个扶着耶稣下十字架的老人，米开朗琪罗干脆给他画上了自己的嘴脸。

冯霞说过他幼年时的一件趣事。到了关帝庙，竟然给周仓安了个泥捏的“小鸡鸡”。弄得全村人都生怕得罪了神灵，硬是让冯霞的爸爸拧着他的耳朵去拆下来。许多年轻时桀骜不驯的叛逆者，到老年都有皈依空门的想法。冯霞晚年把自己的笔墨寓情于佛教人物，一定有着对人生命运的思索与感悟。

我对冯霞的佛教人物画充满着期待，我相信冯霞人物画的功力。

早在1970年代，冯霞为我的小说《孟晶玉》画过插图。孟晶玉是一个深受“四人帮”毒害而难以自拔，最终走向自绝的女性。冯霞的插图出手不凡，不仅画出了女性的凄美，更主要是用神奇的线条表现出扭曲的心灵。冯霞不论画什么，哪怕是一幅小小的插图，

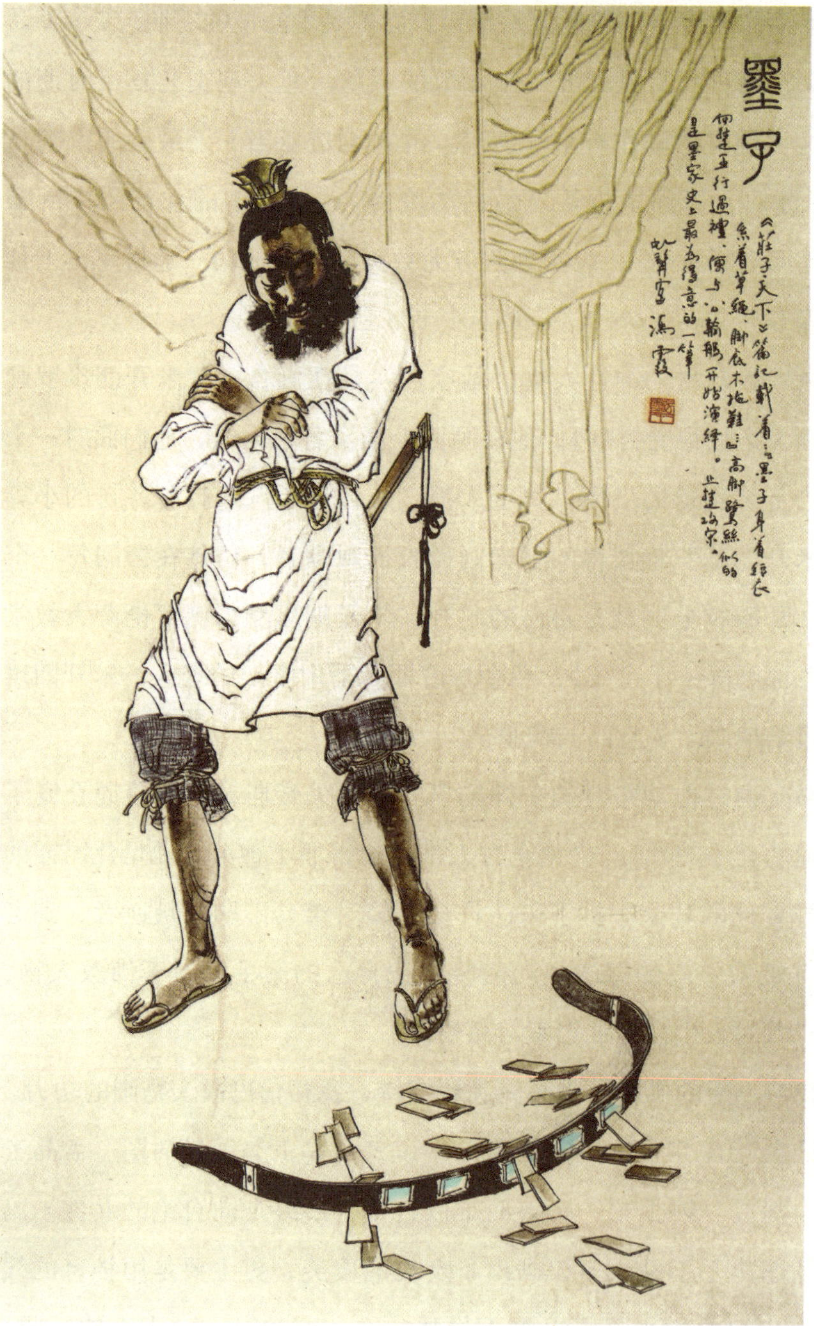

墨子　国画　75cm × 46cm

他也不会等闲视之轻率为之，他总要倾注自己的独特创意。

冯霞说：“我就是画人物画，也要寄寓自己的想法。我如果找不出它的亮点来，我宁肯不画。要画个曹操，人家画‘东临碣石’，我也画？不画！”

冯霞退休后，画过一组《水浒拾遗》人物组画，他这样向我介绍：

“我画水浒人物，里面就有自己的想法。给你说其中的一幅，我画了个名妓李师师。我会画美女，可是又不是为画美女而画美女，美女多下了。我题款：‘夸师师，石榴裙下可藏龙。’”

我想起冯霞曾给我讲过一个“扭龙头”的故事：唐太宗李世民与谏臣魏征走在长安街上。几朝帝都，自然是美女如云。李世民与魏征聊得有些心不在焉，不时回过头去看擦肩而过的大姑娘小媳妇。魏征笑问李世民，陛下，您说天底下最有力量的是什么？李世民回答，不是君是臣，是你们这些股肱之文武，有你们的辅佐，朕才能得了天下。李世民又说，不是君是民，民可载舟亦可覆舟。李世民还要说……魏征笑笑说，臣斗胆说一句，最有力量的是女人。李世民不以为意，问，何以见得？魏征说，君不见，女人的力量屡屡能扭动龙头。

看着冯霞画的李师师，我们之间心领神会其中的当代隐含。

冯霞又说：“我还画了个鲁智深，题款：‘羡智深，杀人放火成正果’。”

冯霞的话让我想起1976年我与他在广州农讲所，看到墙上所贴章程，有这么几条，就是为了“唤起工农千百万”，可以如俄国民粹派革命者涅恰耶夫在《革命者教义问答》中所说："革命者必须抛弃掉身上的一切感情。他的唯一的热情只有两个字：革命。为了革命胜利，他可以同一切社会公认的道德法则决裂。……如果饥荒、水灾、地震能促进革命胜利，那么让饥荒、水灾、地震来吧；如果同盗匪结盟能加速革命胜利，那么不妨结盟吧；如果人民不觉悟，设法加重人民的苦难，促其起义……"我们在广州农民运动讲习所看到的《章程》中，也读到了类似的话语。这真有了只要目标崇高，不惜手段卑劣的"黑厚学"的意味。说来也巧，这天晚上在招待所，因为南方蚊虫太多，每个床边放了一盘蚊香。我半夜睡着了，不小心把被角搭在了蚊香上，点燃了，还紧张地"扑了"一回火。早晨，冯霞起来后，调侃地说，古话说，痛快不过杀人放火。陈为人不敢杀人，就放了一把火。于是这个情节就成为一个典故，此后有一段时间，冯霞每每见了我，就会调侃一句：又火了一把？

我与冯霞，会心处常有"拈花一笑"。

有一次我问冯霞："你这组《水浒拾遗》人物画有意思，还画了些什么？"

冯霞说："'劝李逵，打虎要上景阳岗'。《水浒》上说，李逵回家接老母亲，老母亲让老虎给吃了。李逵一怒之下，一连杀了三只老虎，天下无名！武松在景阳冈打死一只老虎却天下扬名。'告林冲，小人得志更猖狂'；'骂宋江，活该兔死走狗烹'；'说高俅，卖官卖国卖朝廷'；'问吴用，世上几多生辰纲'……"我边听边琢磨，越是感觉到冯霞的《水浒拾遗》有思想。

我说："你画的是水浒人物，却无不充满着当代思考。你一题上款，就画龙点睛，变得有现实意义了。匠心独运，发人深思。”

我有理由期待冯霞在佛教题材的画作中，画出新意、画出精彩、画出传世名作。

尾声　待雏凤凌空时一鸣惊人

冯霞画过一幅工笔画《藏凤图》。他题款曰："笑世人，心烦了鸡声想听凤鸣，便竭尽引凤之能事。或苦吟篇，或乱弹琴，终日翘首以待，望眼长叹，岂不知，足下雏鸡里面藏着凤种。愿君独具慧眼，庇尔护之，待他日雏凤凌空时一鸣惊人。"

从画面上看，七只鸡雏虽然一只只生机勃勃、活蹦乱跳，却未见一只超尘脱俗、出类拔萃的凤种。

《诗经》有言："凤凰鸣矣，于彼高岗。梧桐生矣，于彼朝阳。"华夏民族一向有着龙凤崇拜，把龙凤呈祥作为一个民族的图腾。于是有了每逢盛世大治，必有凤凰来仪的传说。周武王伐纣时，就创造了一个"凤鸣岐山"的神话，以证明自己顺天应时灭殷商的"执政合法性"。其实根据古籍记载，鸡的原名叫作凤凰。西周传说，"凤鸣岐山，凤翔陈仓，陈仓山人不识，惊呼：宝鸡！"鸡是被古人类驯化的第一批动物，野生的叫凤凰，豢养的叫鸡。陕西省宝鸡市南的陈仓山叫作鸡山、鸡凤山。鸡被驯化以前，它是高贵的

藏凤图　国画　182cm×53cm

凤凰，与出自渭水源头的龙齐名。被驯化之后，鸡成了人类的奴才。鸡凤原本同类同种。

冯霞画《藏凤图》，显然是用心良苦，寄寓着心中“鸡窝里飞出金凤凰”的不灭梦想，抑或还有着对笼养家鸡回归山野、还原凤凰的本来面目的期望。

冯霞所画大公鸡的《东方赋》，一开始题名是《不鸣则已》。或曰“图穷匕首见”，或曰“一语道破天机”，在冯霞笔下的画图中，原来隐藏了内心“一鸣惊人”的宏图大愿。

冯霞还有超乎常人之举：在他收藏的几大卷书法作品中，我竟然看到了不少副挽联，都是省内外名家的手迹。

我随手采撷一二：

孟旭耀敬挽

酒色财气已无冯

诗书画印尚有霞

谢定超敬挽

道以函谷知非常

路由草坪识性格

高智敬挽

和东海右墨翰悼丹青

滇南塞北红颜哭画魂

杨延龄敬挽

几把板刷伴随工农兵生涯

一支秃笔成就诗书画精英

……

我有些吃惊，问冯霞：“以我之孤陋寡闻，只听说历史上有张岱等人给自己写墓志铭的，还没见过在生前就为自己征集挽联的。”冯霞笑笑说：“如果我百年之后，大家只会用‘千古’二字敷衍，不会认真创作了。我就想听听朋友们怎样对我‘盖棺论定’。既不要死后溢美，也不必生前颂谀。”

中华民族历来有“溢美”死人的惯例，一个人盖棺论定后，再不会有变化的风险，所以尽可以“赢得身后名”。而一个人只要还活着，不仅有现实的利害冲突，更有同行是冤家的忧虑。

从冯霞这一非常之举中，透出的也许是他对生命的一种紧迫感。

唐人杜荀鹤在《小松》中写有这样的诗句：“自小刺头深草里，而今渐觉出蓬蒿。时人不识凌云木，直待凌云始道高。”

我是搞文学的，我相信，当代文坛上那些曾经叱咤风云风光无限的所谓大家，不过是些见风使舵、攀龙附凤的庸碌之辈。那些死后才从时间的废墟深处打捞出来的天才，往往更富有超越时代而曲高和寡的非凡创造力。我想，美术绘画界恐怕也是如此，那些生前寂寞无名的人物，总会“大浪淘沙始见金”!

我相信总有一天，“冯霞是谁?”将演变为“谁是冯霞!”

莫愁前路无知己，天下谁人不识君!